新 产融结合
时代

The New Era
of the
Combination

刘赢 / 著

中华工商联合出版社

图书在版编目(CIP)数据

新产融结合时代：互联网时代产融结合全攻略 / 刘赢著. -- 北京：中华工商联合出版社，2017.1

ISBN 978-7-5158-1878-8

Ⅰ.①新… Ⅱ.①刘… Ⅲ.①企业-经济合作-金融业-研究-中国 Ⅳ.①F279.2 ②F832

中国版本图书馆CIP数据核字 (2016) 第 308275 号

新产融结合时代：互联网时代产融结合全攻略

作　　者：刘　赢
责任编辑：胡小英　邵桃炜
封面设计：闽江文化
责任审读：李　征
责任印制：迈致红
出版发行：中华工商联合出版社有限责任公司
印　　刷：北京毅峰迅捷印刷有限公司
版　　次：2017年1月第1版
印　　次：2017年1月第1次印刷
开　　本：710mm×1020mm　1/16
字　　数：180千字
印　　张：13
书　　号：ISBN 978-7-5158-1878-8
定　　价：39.80元

服务热线：010-58301130
销售热线：010-58302813
地址邮编：北京市西城区西环广场A座
　　　　　19-20层，100044
http://www.chgslcbs.cn
E-mail: cicap1202@sina.com(营销中心)
E-mail: gslzbs@sina.com(总编室)

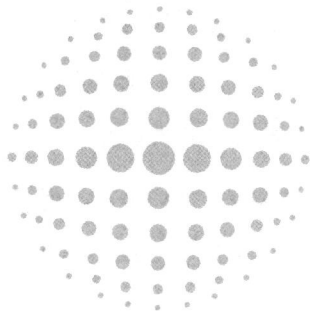

序 PREFACE

产融结合：是跨界，还是整合？

产业资本发展到一定程度时，必然会寻求经营多元化、资本虚拟化，而产融结合就是提升资本运营档次的未来趋势。各产业的中小企业与金融业通过联系和协作，彼此进入对方的活动领域，就可以将资金有效地注入中小企业，解决中小企业融资难和供应链失衡的问题。其实，"产融结合"早在2010年就已经是热门话题了，还一度引发了各大企业家的热议。在2010年12月23日的央企负责人会议上，国资委首次明确表示支持产融结合："国资委等行业主管部门在强调控制风险的前提下，对中央企业开展产融结合，进行金融股权投资总体上持鼓励态度。"有了国家的支持，此后产融结合便走上了快速发展之路。

2015年6月，"中国企业竞争力峰会"在北京举行，国家金融与发展实验室理事长、中国社科院原副院长李扬提出：要进一步推动产融结合，鼓励实体经济进入金融领域，高效地推动实体经济的发展。这一观点与企业产融结合的发展趋势和战略具有契合性。

企业一旦以金融资本作后盾，其产业链的发展必然会形成强有力的态势；银行、产业投资基金等进入企业平台后，金融资本也会获得更高效的利用、更高的金融收益、更快的发展。

2016年是"十三五"开局元年，无论是国家政策还是各大产业的领军人物，都在为新的五年布局谋略，为了获得长足的发展，各企业都在谋定而动，顺势出击。为顺应国家"十三五"规划，实现"产融结合"，各企业都在积极发展创新。

产融结合是一种跨界现象，是一种新生事物，不能盲目跟风。为了给各企业以实践中的启示，我们特意编写了这本书。本书案例典型，分析透彻，方法得当，语言朴实，将产融结合的新思维做了精确阐述，不仅介绍了企业运用产融结合的有效方法，还对互联网金融进行了展望；不仅讲解了供应链金融，还讲解了企业的资本扩展路径……凡此种种，相信对企业产融结合方面的发展都是有利的。

产融结合是企业发展的必然趋势。是跨界，还是整合，一切由您而定！

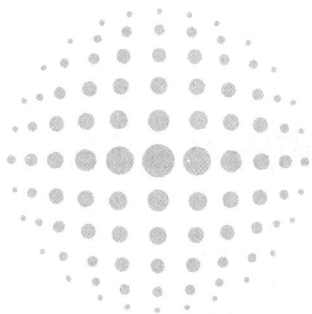

目 录 CONTENTS

第一章

企业的春天来了

第四章

产融结合的新思路
——供应链金融

第五章

从产融结合到产融双驱
——企业的资本化扩张路径

第六章

产融结合的未来趋势与风险防范

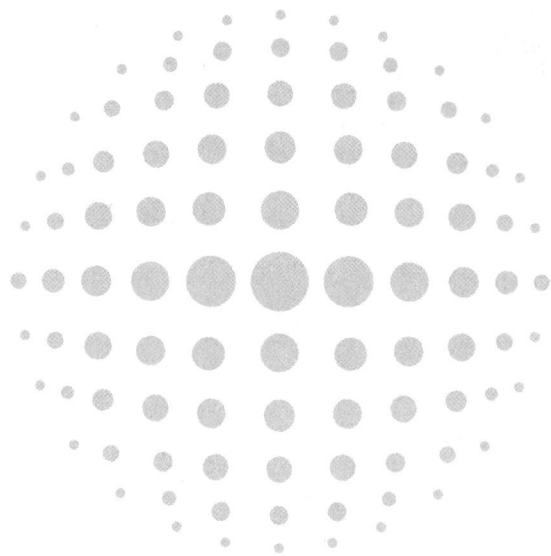

第一章

企业的春天来了

☆产融结合：未来企业的战略

产融结合是企业获得未来发展的有效战略，产融结合，不仅可以创造协同作用，还可以提高企业的竞争优势；不仅能够为企业降低交易成本，还能够帮助企业提升自身价值……基于此，很多企业多年前就走上了产融结合之路，最典型的就是国内钢铁巨头宝钢。

在多年的发展中，宝钢从来没有放弃过在金融领域的努力，从控股信托公司到入股保险、银行，宝钢一直都在金融业不断深耕。目前，宝钢旗下的金融业务已经囊括了银行、基金、保险、财务公司等，优势凸显，各平台间的协同效应也得到了最大化的发挥。

宝钢通过自己的实践告诉我们，国内"产融结合"的趋势正日益明显。从宝钢近年来产融结合的历程可以看出：

（1）从本质上来说，金融服务就是为产业服务的

宝钢新一轮的《金融服务业发展规划》，明确了集团金融服务业的战略定位：为钢铁主业和其他相关板块提供了研究、投融资、收购兼并等全方位的金融服务；通过市场化运作，成为竞争力强、市场化运作水平高的主流金融机构。

宝钢之所以要发展金融服务业，主要是为了给产业提供服务，从多角度拓展服务领域。

（2）产融结合有利于实现协同效应

通常，产融结合指的是，企业与金融业通过信贷、股权、人事等方式进行合作，实现双赢。产融结合是企业充分市场化和金融业充分商业化的必然产物，有利于形成和产生规模经济、范围经济和协同效应。

产融结合确实有助于提高公司的竞争力，产融结合的重要性主要体现在下面几个方面：

◆通过产融融合，企业会产生巨大的协同效用

对于公司企业来说，借助金融资本，可以让金融服务渗透到原料、设备采购、生产和销售等各环节中，而对于金融资本来说，则可以利用产业的资源和品牌优势不断发展。

另外，生产企业和金融公司还能够利用与客户业已形成的良好关系，为同一客户提供多种优质服务，使客户的价值最大化，为开发新客

户节省时间与费用，进而打造出一个产品制造与金融服务协同发展的广阔空间。

◆ **通过产融结合，公司的资源整合平台会提升**

金融业可以成为公司整合上下游资源的平台，为公司提供信息和资源，降低整合成本。面对产业调整的大趋势，企业要想在激烈的市场竞争中做强做大，就要和金融有效结合起来。

同时，产融结合产生的金融资本控制关系，能让公司的股权控制关系和人事控制关系更为密切、有效，更加有效提高公司各成员之间的向心力和执行力。

◆ **通过产融结合，企业自身价值会提升**

制造业和金融业是两个完全不同的行业，制造业的管理和金融业的管理是完全不同的。从这个意义上来说，产融结合非常有利于推进企业的股份制改造和现代企业制度的建立。

◆ **通过产融结合，企业将获得长远发展**

概括地讲，企业发展有两种：一种是内涵式，即内部管理战略。企业通过自我积累不断发展，需要大量的流动资金；一种是外部交易经营战略，即企业通过并购、扩张、重组等方式进行发展，需要大量的并购资金。

不论哪种发展方式，企业都需要大量的资金，都需要参与资本市场，都需要搞好资本运营。因此，产融结合是一条必经之路，事实证明，通过兼并收购等资本战略完全可以让企业获得最终发展。

◆**通过产融结合，企业竞争力会提高**

产业资本和金融资本的融合，不仅可以增加企业的收益、资本积累速率，还能够最大限度地利用社会资源，提高企业的竞争优势。

例如，中航工业作为一个品牌，对中航信托来讲，其信托产品是可信的，能够进行增信；同时，航空工业有一个很大的金融平台，对航空工业的发展也能起到有效的促进作用。同时，航空工业大量的现金流对于金融平台也能够起到不错的促进作用。

◆**通过产融结合，可以有效降低交易成本**

产业发展过程会涉及大量的外部金融交易活动，如上市、重组、兼并、收购和资金贷款，这一系列融资活动都需要大量的交易成本。而通过产融结合的方式可以有效地降低交易成本，在信息获取方面也具有比较明显的优势。

☆产业革命：起于科技，成于金融

两百多年前，随着蒸汽机的出现，第一次工业革命出现。可是，当以英国国债市场发行为代表的金融革命为人们带来大量的资金时，钢铁、铁路、纺织等资金密集型行业才从小作坊一步步走入规模化工业阶段。

金融对于时代进步有着重要的意义，早在一个多世纪前经济学家就对其做了总结——"工业革命不得不等候金融革命"，此后的每一次产业革命都遵循着这一规律。

我国初创型的科技企业通常设立时间短、信用不足、商业模式新、缺乏抵押物……在以"创新创业"为魂的科技界，它们对金融服务的渴求达到了前所未有的程度。

案例一：

2013年12月，缪丹收到了一张淡蓝色的信用卡。这张卡是由北京银行针对中关村多家孵化器内创业者发出的小额贷款信用卡，是全国首张"创业卡"，可以为创业者团队日常开支提供灵活保障的小额贷款。

案例二：

2014年年初，联想相继将IBM X86服务器业务、摩托罗拉移动智能手机业务两项收购，凭借一次次果敢的并购，联想跻身全球智能手机前三名，向广阔的发达国家市场迈进。

案例三：

自创立以来，京东接受了8次不同阶段的创业资本注入，获得近48亿美元的融资，跨越发展底气十足。京东也创下了北京互联网企业在美的最大IPO纪录。

中小型企业较难受到金融机构的青睐，越新越难。在马太效应的影响下，首次融资难，后续资金就更跟不上，企业的发展就会因为"缺氧"坠入"死亡谷"。在中关村，无论是可能跌落"死亡谷"的挣扎拼搏者，还是实现世界级梦想前"关键一跳"的快速成长者，都需要金融的有力推动。

产业革命起于科技，成于金融。产业是国家经济的基础，金融是产业的催化剂和倍增剂，只有从金融的角度做产业，才可以提高产业效应；只有从产业的角度做金融，才可以实现金融未来。

纵观世界经济发展的历程，每次科技革命都是源于科技创新而成于金融创新。金融与产业的结合是中国企业发展的必然趋势，新兴产业与金融创新双轮驱动、相互渗透，必然会引领中国在全球下一轮竞争中抢占资源制高点和战略制高点。

☆企业进行产融结合的作用

提升企业的自身价值

产融结合是企业提升自身价值的管理手段，在一定程度上可以起到企业投资模式创新的作用，这从海尔的例子可见一斑。

海尔是位于中国青岛的一家大型家电制造企业，在世界同行业中处于技术领先水平，是世界第四大白色家电制造商，也是中国最具价值的品牌。

海尔集团在首席执行官张瑞敏的品牌战略指导下，先后实施了品牌战略、多元化战略，已经在欧美、中东、日本等国家和地区建立了自己的子公司和销售网点，正式进入了国际化品牌战略阶段。看到海尔频频涉足自己并不熟悉的金融领域，很多人都心生疑窦，可是只要回顾一下海尔的战略历程，就会明白为什么海尔要将金融领域作为开疆拓土的战略单元。

2000年监管政策放松，海尔开始涉足金融行业。一年后，张瑞敏公布了海尔未来的三大战略，"构筑产融结合的跨国集团"是其中一项重要内容，这样做可以产生跨行业的协同效应。仅用了一年多时间，海尔就拿到了信托、保险、证券、银行等金融牌照，搭建起一套完整的金融业构架。

2005年后，中国股市慢慢复苏，出现了一个大牛市，金融行业的发展步伐也加快了，海尔的金融子公司的收益增加，规模得以扩张。2014年，海尔消费金融正式开业。将传统产业与互联网消费金融实现了融合。一方面，依托线上电商平台和互联网第三方支付平台，海尔消费金融形成了一个金融O2O闭环，让金融以最快的速度进入了千家万户；另一方面，海尔消费金融依靠大数据，可以根据不同人群的画像定制出不同的产品，提高市场反应速度和市场竞争力，创新了全新的消费金融体验模式，推动了普惠金融的有效实施和发展。

从海尔的整个战略历程来看，作为一家民营企业，在多元化战略和国际化战略上的资本运作和协调能力是海尔的短板，也是海尔必须解决的战略性难题。而引入产融结合模式，通过在金融领域的拓展，极大地提高了海尔的资本运作能力和内部协调能力，为海尔的可持续健康发展提供了强有力的保障。

作为业界领袖，成就张瑞敏的并不只是在家电业创造的产销业绩，而是他的思维创新。在2000年举行的"海尔创业十七周年纪念会"上，张瑞敏首次向外界展示了他的三大战略：创造有价值订单，不打价格战；整合全球资源的国际化、本土化并上升到竞争合作的形式；面对今后的发展，构筑产融结合的跨国集团，通过投资金融业产生跨行业的协同效应。

这三大战略是张瑞敏的三张王牌，也是海尔构建跨国集团的三个支点。而在海尔的战略中，投资金融、构筑产融结合的产业格局一直是撬动世界市场的杠杆。

从发展角度看，产融结合不一定能保证企业的成功，但企业要想获得成功就要进行产融结合，用金融服务提高企业的抗风险能力。沿着这样既定的方针，海尔频频发动金融攻势：入驻青岛商业银行、控股鞍山信托、长江证券，成立保险代理公司，成立人寿保险合资公司等，经过一系列动作，海尔产业版图的金融板块日渐清晰。

如今，海尔已经成为中国家电行业的领军者，也是产融结合领域的领跑者。对于一家一直专注于家电行业的民企而言，产融结合是一柄双刃剑，运用得当便会成为构建企业管控的利器，反之则会将企业置入不可控的金融风险中。

获取协同效应，增强竞争优势

产业资本与金融资本整合，会产生巨大的协同效应。所谓协同效应，简而言之就是"1+1>2"的效应。具体说来，产融结合的协同效应主要体现在以下几个方面：

1. 盘活存量资金资源

处于基础产业的企业一般都有着较高的集中度，资产规模庞大，存量资金通常来自这几个方面：

（1）资本的有机构成比较高，在发展的不同时期虽然可能出现资金紧张，但由于其固定资产购建时间比较集中，在固定资产未更新之前，大量资金以折旧的形式沉淀在了营运资金中，出现了资金过剩。

（2）煤炭、电力、铁路、电信等企业的原料采购成本占企业运营总成本的比例比较低，流动资金压力不大。在一定时期内，其现金存量很大，存在比较强的短期或中期资金运用需求。

2. 有利于共享企业信用资源

大型企业一般资产众多、规模庞大、收入稳定，比较注重维护企业声誉，具有长期良好的信用记录。这种信用资源无论是用于外部融资，还是投资，都具有其他企业无法比拟的优势。

例如，因为G公司的信用情况比较好，所以G公司发行的金融债券就具有较高的信用评级，债券的票面利率就可以相应下调，为其融资节约了费用；李嘉诚之所以能够在港口、电信、能源、房地产等领进行大规模的投资，与旗下的和记黄埔集团、长江实业集团及其本人的信用都有着千丝万缕的关系。

3. 有利于企业多元化发展

从发展角度来说，企业在一个特定的行业中存在增长极限，例如：市场容量有限、主要竞争对手已形成了难以超越的优势、法律中关于垄断的限制、所处行业的平均利润率下降等，因此，要想在原有领域中取得突破是比较难的，更无法围绕单一主业做大做强。

例如，中石油、中石化等企业处于垄断或寡头垄断市场，已经覆盖了大部分市场份额，因此很难在其主导的行业上进一步实现扩张，因此这类企业必然要面临水平和垂直方向的跨行业扩张。

选择垂直方向扩张即纵向一体化战略，其最大好处就在于可以强化以产业链条为中心的竞争优势，增强企业对关联产业的控制力。可是这种战略又存在一定的系统风险，如果产业链的一个环节出现了问题，整个产业链都会受到重大影响，甚至会遭遇灭顶之灾。

水平多元化战略的优点是可以有效规避系统风险，缺点是行业跨度大，管理存在一定的难度。另外，分散投资可能造成资源和力量地分散，无法增强企业在每一个领域的竞争力。

4．打造资本经营核心竞争力

思科的创始人是一对夫妻，他们一个是斯坦福商学院的计算机中心主任，一个是斯坦福大学计算机系主任。为了让两个计算机中心能够联网，两人左思右想，在1986年搞出了路由器。路由器于1999年上市，市值一度达到5500亿美元，超过了微软。梳理思科的发展就会发现，其实思科的整个成长过程就是一个并购的过程，每年并购的企业少则几十家，多则上百家。通过并购，思科凭借自己的上市地位把行业内中小企业全部吸入了自己的囊中。

思科模式的运作机理和成功逻辑就是"资本市场机制+产业整合效率"！所谓资本市场机制，就是一个项目有可能成长，将其并购思科就能获得成长。思科能被市场预期成长，其股价就随之而涨，股价上涨思科就可以更大规模地融资，或者以股票来支付并购所需费用，从而用更强的支付能力去收购新企业，形成一个良性循环。

并购进来的项目一旦进入思科的系统平台中，思科的整体效益和竞争力就会得到强化。一旦整合出现效果，华尔街就会给予思科更多的资本供应；有了资本供应，思科便可以开展下一轮并购。通过并购，思考会形成更强的技术垄断，其公司的价值越高，越能保持网络技术的领先地位。

跨国企业的产融结合之路对我国企业具有很强的示范效应。与跨国公司相比，我国企业在资本经营方便更为薄弱，产融结合的广度和深度也与其存在较大的差距。除了主导产业本身需要苦练内功外，还需要强大的资本实力和金融运作技术。进行有效的产融结合，可以为企业建立强大的金融资本，提高资本经营水平，并以此形成资本的核心竞争力。

5. 有利于提高公司对经济形势变化的敏感度

进行产融结合，可以让企业敏锐地感受到经济各个领域的细微变化，为公司的生产提供科学的决策依据。同时也有助于公司完善治理结构，建立统一的风险控制体系，实现风险和收益的良好匹配。

☆企业产融结合要走出的误区

在进行产融结合时要避免走入误区，例如高利益的诱惑。

趋利性是企业进行产融结合的最直接动因。产融结合能给企业带来实实在在的利益，也是企业发展的原动力。从本质上来说，产融结合就是由资本的逐利性决定的。金融资本和产业资本增值的本质是相同的，都来源于产业生产过程中的剩余劳动所创造的价值，但是现代市场经济的发展特别是虚拟经济的出现，使得这一价值的创造和分配变得异常复杂，资本在资本市场的增值要比实体运行中的增值更为明显。

对于现代产业来说，资本价值的实现和增值不仅体现在科研开发和生产经营过程中，还体现在融资、物流和售后等各环节中。金融资本只有和实体产业结合在一起才能实现价值创造，才能安全地实现增值，产融结合的理想结果是取得产业资本和金融资本的双赢。

对金融结构来说，通过产融结合可以实现投资多元化，保证获取稳定的投资回报；对企业来说，可以获取更好的金融支持，保证高效率低成本地获取资金和金融服务，最终获取金融利润。

由此可见，产融结合可以实现金融业和企业的优势互补，解决金融和产业双向信息不对称的问题，降低交易成本，提高运行效率，这也是企业发展的必然要求。

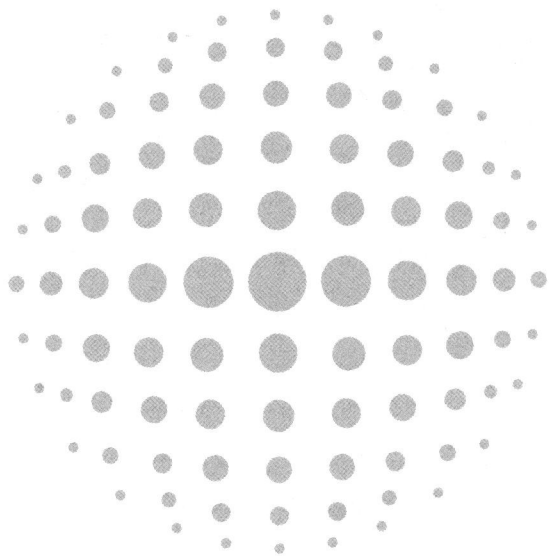

第二章

企业如何利用好产融结合

☆产融模式的典范：通用

通用电器被认为是产融结合的成功典范。概括起来，通用电器的发展可以分为两个阶段：第一阶段是金融业务支撑产业资本的市场开拓。1933年，为了促进电器产品的销售，通用推出了消费融资业务；20世纪60年代，通用金融开始从事设备租赁，并逐渐将金融业务拓展到商业地产、工业贷款和个人信用卡等领域。

第二阶段是通过价值附加，金融业务成为通用电器新的利润增长点，具备了产业和金融的双向支撑能力。20世纪80年代后期，随着产品市场竞争的加剧，利润从产品本身转向售后服务，通用调整盈利模式，提出了"为客户提供全套解决方案"的口号，为客户提供产品以外的服务，包括金融服务。

20世纪90年代，美国金融管制放松，通用利用这个机会进一步推进了产融结合，获得了强劲的发展，从以制造业主导转变为以服务业为主体。通用的金融服务集团也发展为多种企业，如卡车、有轨车、飞机、私人信用卡，并扩大了房地产活动。

2000年，通用的金融业务遍布48个国家，拥有24个企业和3700亿美元资产。2004年，通用旗下的金融服务集团分为四个部分：商务融资集团、消费者金融服务集团、设备管理集团和保险集团。每个集团都有自己的业务范围，财务独立，管理严格。

2007年，通用金融业务的收入占整个集团的41.79%，利润占46.38%，为通用集团的发展做出了重要贡献。2008年金融危机后，美国企业加快了"再工业化"进程，为了提高核心竞争力，大部分集团企业都将旗下业绩不佳的金融和服务部门消除。通用也逐步调整了自己制造业与金融业齐头并进的产融结合战略，剥离、重组了金融资产，回归制造业。到2015年4月，通用共剥离了旗下90％的金融资产。

在最近十几年，通用都被当作全球产融结合的楷模，代表着世界产融结合的发展方向，其产融结合的做法被许多企业学习效仿。虽然一些金融产业逐渐被剥离开去，但曾经也为通用集团带来了巨大效应和推动作用，值得借鉴和学习。

回顾通用产融结合的发展历程，金融与产业紧密结合是永恒的主题。通用金融业务的成功，原因主要有两个：一是稳扎稳打，步步为营；二是与产业紧密结合。金融服务业为通用的产业竞争力提升提供了有力支撑，主要体现在产品市场开拓、产业发展和风险抵抗等方面。

首先，延伸了产业链，通过为客户提供金融服务，保证了产业利润的实现和产业链的持续增值。通用的产融结合采用的是"交叉销售"模式：首先通过金融支持来销售更多种类的产品；然后通过售后、租赁、消费信贷等服务进一步获得更多的产品以外利润。

其次，20世纪80年代后，通用的金融板块发展为资源配置枢纽，主要负责整个集团业务的收购与剥离，同时也是通用对外融资的主体，有效提升了产业板块的扩张能力。

最后，当某个产业处于周期性低谷时，通用的金融板块会适时地支持这些产业。这些处于低谷产业中的公司在金融业务的支持下不仅能走出低谷，还可能通过并购整合，在后来的高峰期获得丰厚的业绩回报。

☆产融结合：企业做大做强的重要手段

随着实力的增长和经营规模的扩大，企业需要在两种战略中做出选择：一是改善经营管理水平，提高企业内部资源的有效性，增强企业市场的竞争力，依靠自身积累，逐步扩大再生产；二是到资本市场寻求企业的重组和扩张，利用兼并收购等资本运营形式，在更大范围、更高层次上重新配置资源。

过去，企业选择发展战略时通常会选择内部管理型战略，强调自身积累和发展，注重企业的经营管理。在经济全球化、科技发展日新月异的今天，企业仅依靠内部管理型经营战略很难跟上时代和经济的变迁。要想在激烈的市场竞争中做大做强，就要在高度重视资本市场的条件下，参与资本市场、利用金融手段、搞好资本运营，走好产融结合之路。

2005年，华润提出了"产融结合"的口号，从那个时候开始，华润基本走了两条路：

第一条路，集团总部负责孵化，总部负责创造利润。比如先买地。如果有些地的付款周期比较短、开发时间比较长、资产回笼比较慢，华润就会提前买下来。之后由华润的集团办公室对其进行孵化，一年后土地征用等相关工作都做完了，该卖房子时华润就可以用地换股票、换现金。

第二条路，无论对B2C客户还是B2B客户，都要努力挖掘客户群的价值。这时，最好用的工具就是金融，因为能够让客户看到直观的利益。华润积累了丰富的实体经济经验，可以为客户提供直接的有效服务，降低交易成本。同时，信托和银行的收购也为华润集团总部提供了一个金融平台，可以直接为集团的实体经济提供服务，这种产融结合的服务过程是相互影响、相互促进、相互提高的。

通过兼并、收购与重组等外部交易型战略，企业的整体实力可以得到巨大的发展；兼并与收购可以使企业实现竞争战略，竞争实力大大加强；重组和调整内部资源的分配可以提高资源的利用效率，最终实现企业的整体发展目标……这些成果是显而易见的，但无论企业准备实施什么样的外部战略，都需要拥有一个自己掌控的金融平台。

事实证明，企业成功进行产融结合后，能够更强有力地参与到国内外的竞争中，在国内实现优胜劣汰、优化资源配置，在国际上提升国家的综合国力和竞争力。

1. 企业可以建立统一的金融平台，使各金融业务之间，以及金融业务和主营业务之间形成业务互补，实现业务扩展和内部资源的整合。

2. 企业参与金融业可以降低经营风险，通过金融机构也可以很好地进行企业并购、重组和风险的转移，迅速提高企业的竞争力。

3. 企业拥有庞大的资金需求和现金流，金融业是其连接各大业务的重要环节，不仅可以促进产销的顺利进行，还可以让企业获取金融行业的高额利润，提高企业的资产回报率。

4. 金融资本具有较强的流动性，资本的专用性也比较弱，产融结合是利用金融资本将产业资本实现国际化发展的有效途径。

☆ 产融结合重在协同

如今，国内越来越多的企业开始圈地金融，纷纷控股证券公司、银行、保险、信托、基金等金融机构，都将金融板块当作重要的业务板块和潜在的利润增长点，提出"打造金融平台，实现产融结合"的构想。那么，到底什么是产融结合呢？

早期的产融结合是工业化时期的金融资本对产业资本的渗透与控制。美国的反垄断法律《格拉斯——斯蒂格尔法案》颁布后，金融资本主导的产融结合时代消失不见，紧随其后的是一个以产业为主导的产融结合时代。

现代产融结合强调金融与产业经营的协同效应，将金融当作业务系统的有机构成，希冀于借助一定的金融手段有效地推动产业发展。

UPS是世界上最大的物流快递企业，1998年子公司UPS资本（UPSC）成立。UPS实施产融结合的目的，并不是为了得到金融服务的利差收益，而是为物流快递主业的发展提供服务。

在UPS的客户中有很多中小企业，这些企业一般都很难从银行方面融到资金，同时往往受制于沃尔玛等强势买家"到货后30~40天"的付款条件，经常遇到资金周转不灵的问题。UPSC就通过金融服务帮客户解决了这样的问题，当然，通过给中小企业贷款的方式，UPS可以得到更多的业务订单。

在整个融资过程中，为了有效控制贷款违约风险，中小企业的抵押物（存货）会一直掌握在UPS手中。同时，UPS可以使用货物全球跟踪系统随时掌握货物的动向，即使借款人出现了问题UPS也会用最快的速度来处理，风险处理绝对比会计师和海关快很多。

如果没有经营协同效应，金融和实业就是两个完全不同的领域，需要具备不同的资源能力、管理模式和经营团队，成功的产业经验也是很难扩散到金融领域的。虽然在中国的市场环境下，企业控股金融确实可以增强金融机构的资信等级，但如果与自身的产业发展不协同，这种做法也仅仅是一种财务投资。如果想形成经营的协同效应，企业就要大力发展与自身产业相关的金融服务，而不仅仅是占有金融牌照。

产融结合组织形式包括两种：第一种是企业与外部金融机构（包括商业银行、租赁公司、VC、保险公司等）战略合作。例如，浦发、深发展和招商银行都是UPS的合作伙伴。

第二种是企业自设金融机构。全球最大的工程设备制造商卡特彼勒就利用其全资子公司卡特彼勒金融公司，为购买其产品的客户提供设备融资、融资租赁服务。

不管选择哪种组织形式，都要根据企业自身的运营成本、风险管理能力等因素来决定。如果自己成立金融机构的运营成本更低、风险控制能力更强，企业可以自己设立金融服务机构，反之可以与外部金融机构合作。

目前最普遍的产融结合方式是：企业借助产业运营能力、高等级信用和客户的风险控制能力，利用金融工具获得低成本融资，为客户、经销商、供应商等提供金融服务，福特、UPS、IBM、微软、强生等采用的都是这种方式。

企业还可以为产业链中不同的实体企业提供风险管理工具和交易机制，平滑收益波动，实现产业链环节的供求均衡和稳定的收益，这是更高级的产融结合层次。

当然，产融结合成功的根本还在于企业经营规模和稳定性。如果UPS没有供应链管理能力、AAA评级和业务规模，沃尔玛没有庞大的客户群，万豪没有酒店管理品牌效应，一旦产业基础遭遇增长瓶颈，它们的金融业务也会失去产融结合的优势。

☆产融结合的三种表现

以融助产

以融助产是产融结合的第一种方式,即由金融资本辅导主导产业的发展与扩张,形成在主导产业、完善产业链与规模扩张,同时发展金融产业,典型企业如宝钢、中石油、中石化等。这里,我们以中石油为例来分析一下其以融助产的历程。

中石油是目前拥有金融牌照最多的央企,共参股12家金融机构。2008年,中石油集团提出,要建成世界一流的综合性国际能源公司,就要打造一个全方位的金融平台。

1. 中石油参股金融机构的原因

中石油之所以要参股金融机构,主要原因有两个,一是让先前的积累进一步保值增值,二是为了应对行业生命周期带来的风险。解决方案则是:寻找新的利润增长点。在油价不稳、市场动摇的情况下,中石油如果要成为一个永续的盈利组织,就必须在实体经济和虚拟经济之间建立一个灵活快速的切换渠道。金融和能源两个行业具有互补性,融资并不是中石油的首要目的,其看中的是通过石油和金融结合为企业的更深层次、更大范围的跨行业协同效应。

2. 涉足金融，从设立内部财务公司开始

1995年，中石油组建了自己的财务公司——中油财务。中油财务，不仅将成员单位之间的内部转账结算集合在一起，还在集团内部吸收成员单位的存款、发放贷款，同时还经营有价证券投资、平安代理业务等。依靠中石油的强大实力，中油财务公司已经成为国内资产规模最大、盈利能力最强的财务公司之一。从1999年到2006年，中油财务公司的有息债务从1444亿元下降到698亿元，资本负债率从40.7%下降到10.55%，资金得到了集中管理。

3. 与珠海商业银行达成重组协议

对于中石油来说，想进行非主业项目的投资项目必须经过国资委的核准。也就是说，中石油如果想控股金融机构，首先要获得国资委的批准，才能被银监会、证监会、保监会放行。

2007年，总资产50亿元的珠海商业银行的不良贷款率已经达到53%，亟需进行重组，中石油集团对这桩买卖很感兴趣。当时，中石油已经参股平安证券、中油财务，如果能够借此机会间接拥有一张银行牌照，其大财团的架构将更加清晰。

半年后，中石油集团与珠海商业银行达成了重组协议。原有的局部股东在珠海市国资委主导下完成了资产置换，股权回到珠海市政府手中，珠海市政府出资20多亿元，剥离珠海商业银行的不良资产，进行增资扩股。

中石油集团向珠海商业银行出资20亿元作为资本金，另出资10亿元处置不良资产，重组后中石油将拥有珠海商业银行86%的股份。可是，这桩收购案最终因国资委不予批准而以失败告终。

4. 与克拉玛依商业银行建立合作关系

2009年初，改制两年多的克拉玛依商业银行打算引入战略投资者，新疆银监局通过了关于克拉玛依商业银行增资扩股的方案。中石油与克拉玛依商业银行一拍即合。

2007年12月，中石油天然气公司对新疆油田进行业务整合和重组。对中石油而言，此时的克拉玛依商业银行的资产质量远超过之前的珠海商业银行，资产优良，经营稳健。而且从某种意义上说，克拉玛依商业银行与中石油早已血脉相连。

在克拉玛依商业银行被批准增资扩股后不久，中石油集团向国资委提交了入股克拉玛依商业银行的申请。2009年3月，中石油顺利拿到国资委的批复。中石油集团投资28.1亿元，以现金方式独家认购克拉玛依市商业银行新发行的股份，增加注册资本20.82亿元，增资后注册资本变为22.62亿元，中石油占股92.01%。

5. 控股+发起设立

昆仑系金融板块的收购是中石油金融版图中极为重要的时间节点，由此中石油做金融的思路由"参股"变为"控股"和"发起设立"。

原国资委副主任李伟到中石油调研产融结合时，召开了局部央企参加的产融结合座谈会，这次会议是国资委对中石油进行产融结合的一种肯定，此后中石油全力奔向产融结合的主战场，仅用了几个月的时间，便促成了昆仑系金融板块的大发展。

中石油巨额的企业年金也是一块金融机构产融结合的试验田。2013年5月底，海富通基金与昆仑信托联合发行了国内首只企业年金养老金产品，由海富通基金向中石油企业年金基金定向销售规范化产品，主要投资昆仑信托发行的中石油管道项目单一信托。

2010年2月2日，由中石油集团和重庆机电共同发起设立了第一家具有大型企业背景的金融租赁公司，注册资本为人民币60亿元，中石油集团出资人民币54亿元，占股90%。

2012年，中石油集团获批成立国内第一家自保公司，总部设在新疆克拉玛依，中石油集团与中石油天然气股份有限公司共同出资50亿元。

如今，中石油涉足的金融业务几乎涵盖了金融业务的所有形态类型，其以融助产的经历值得各企业借鉴。

以产助融

产融结合的第二种方式是以产助融，也就是说，由产业资本推动金融产业发展，最终实现产业与金融并举，甚至完成产业转型，典型企业如中信集团、招商集团。在这里，我们重点介绍一下中信集团。

1. 搭建产融结合型企业架构

步骤1：核心企业上市

中信集团旗下的核心企业是中信实业银行和中信证券股份有限公

司，在中信集团的发展过程中发挥着重要的作用。2002年底，中信证券顺利上市，不仅充实了资本，还让公司治理得到了有效改善，成为新中信投资银行业务的龙头。可是，当时占中信集团总资产超80%的中信实业银行则遇到了很多问题。

中信实业银行是在原中信集团银行部的基础上发展起来的，在经营存贷款业务和其他中间业务的同时，还要融资，于是在中信实业银行与中信各子公司、分公司之间便出现了大量的关联性信贷业务。

步骤2：整合海外业务

1986年，中信集团向香港嘉华银行注资3.5亿港元，将嘉华银行纳入集团版图。同时，中信还利用嘉华银行的上市公司平台运作了海外资本。比如：2001年中信集团斥资42亿港币收购香港华人银行，之后又控股中信泰富和亚洲卫星；2002年，中信集团重组长城宽带网络服务有限公司，进入国内电信市场。

为了实现跨越式发展，中信一直在大力拓展海外市场、进行海外收购。早在2012年，中信证券就拿下了里昂证券的全部股权。

2013年8月，中信证券和法国东方汇理银行股份有限公司一起转让了里昂证券80.1%的股权。再加上，中信证券早前收购的里昂证券19.9%股权，里昂证券就成了中信证券的全资子公司。收购里昂证券后，中信证券的业务范围拓展到美国、英国、澳大利亚等主要市场。

2014年9月，中信在香港完成整体上市，5个月后，中信股份再度发力，引入正大光明的战略投资。2016年11月，中信证券国际和里昂证券进一步融合了自己的业务，两家业务被统一在"中信里昂证券"下运营，中信的国际业务整合得以实现。

经过多年的海外布局和发展，通过业务一体化举措让中信又向自己的产业愿景迈进了重要一步。

步骤3：搭建金融子集团和非金融子集团

经过了一系列兼并重组后，中信集团渐形成了金融子集团和非金融子集团。前者的主要业务有：银行、证券、保险、信托、资产管理、基金、租赁等；后者的主要业务有：房地产基础设施与区域开发业务、工程承包业务、资源与能源业务、制造类业务、信息产业、商贸与服务业等领域。

中信的业务主要集中在金融、实业和其他服务业领域，其中金融业的代表是：以中信银行、中信证券公司、中信信托投资公司、信诚保险公司和中信国际金融控股公司等。随着金融服务业市场规模不断扩大，市场份额进一步提升，中信的行业地位得到了不断增强。

2．构建严密管控体系，强化产融成果

中信集团之所以能够成为国内较早、较成功的产融结合型企业，固然离不开在先行先试、政策的支持，但最主要的原因还在于中信集团建立了一整套强有力的集团管控体系。

（1）治理结构相互促进和制衡

从某种程度上来说，企业之间的竞争也是治理结构的竞争。公司成立后，如果无法建立良好的各级公司治理结构，也就不能在与国际性现代公司的竞争中赢得主动，而中信集团却做到了决策层与执行层分工明确。

作为大股东，集团公司会控制或影响旗下金融子集团和非金融子集团的董事会，推举董事长，并通过两个子集团董事会确定合适的高层经营管理者。同时，中信金融子集团和非金融子集团的董事长或总经理又是中信集团母公司的董事或高层管理者，这样中信集团与旗下两个子集团就形成了股东大会、董事会、监事会三者之间的相互促进和制衡机制。

（2）完善的控制体系

中信集团是产融结合型集团，控制着不同的金融业领域和工商企业领域。为了有效防范集团风险的传播，中信集团构筑了一整套控制体系，具体如表2-1所示。

表2-1　中信集团的管控体系说明

控制体系	说　明
统一集团内部信息资源	中信集团整合下属子集团、子公司司的数据库，形成了集团层面统一的信息中心，实现了集团资源的共享。
建立健全集团内部控制制度	中信集团的内部控制制度比较全面，涵盖了主要的营运活动，包括管理层的监督与控制、风险辨识与评估、控制活动与职务分工、信息与沟通、监督活动与纠正措施等，并有相应的组织规程、相关业务规范及处理手册。
统一集团内部审计稽核资源	金融子集团根据业务需要，调动各子公司的稽核人员，认真检查金融子集团及其子公司的工作，做好实时、事后监控。

（3）有效的宏观管理

中信集团的宏观管理主要体现在三个方面：

①中信集团向金融和非金融子集团派出了董事、监事、财务总监、总经理，获得基础权利和控制里面获得的具体权利，以保障中信集团作为出资人的利益。

②中信集团给旗下子集团、子公司等注入资源，对这些子集团、子公司的决策造成影响，使之向中信集团这边倾斜。

③中信集团综合部门提供高价值的公共产品和优良服务，使下属子集团、子公司等各部门的运作依赖于中信集团综合部门。通过理念、信息的控制，让子集团、子公司等不知不觉地朝着中信集团预测的方向运作。

产融升级

第三种产融结合的方式是产融升级，即产业资本与金融资本融合在一起，形成产业升级的循环状态，比如通过资本运作形成制造业金融优势，促进产业升级，典型企业有联想、复星等。这里以复星为例加以说明。

在投控型集团向全球化投资平台发展的过程中，复星集团形成了管理大格局，治理水平和产业控制力也都迈上了一个新台阶。其实，复星的产融升级也不是一帆风顺的，也走过了一段创业、蜕变到再出发的过程。

1. 思路转变

在多个实业领域耕耘多年后，又看到德隆系企业的崩盘，复星决定收缩在金融领域的投入，致力于实业经营。复星控股下分别有复星地产、复星医药、招金矿业、德邦证券、复星钢铁及零售板块。零售板块又包括友谊、联华和豫园商城，复星控股是友谊和联华的第二大股东、豫园商城的第一大股东，其他还包括一些小产业如传媒等。

2. "主业+投行"模式

复星控股的角色就是"主业+投行"。复星认为，母公司就是大的投行，主要任务包括：母公司集中各个子公司的闲散资金，进行优化配置，在各个子公司之间进行资金调度；对外进行投资并购，将收购的较好的企业单独培育上市，不能上市的以3~4倍的市盈率出售给自己下属的上市公司；母公司给子公司的并购、上市、借壳、重组等提供中介服务。

因此，业内普遍地把复星的模式归结为"主业+投行"模式，这种模式目前已经成为很多集团母公司推动下属子公司发展的一种重要手段。

3. 投资德邦证券

在全国各类证券公司中，德邦证券的规模还不是太大，在全国仅有12家营业部，但其投行业务发展强劲，特别是在钢铁、医药、化工等领域。

虽然这些成绩仅仅是整个复星系的一小部分，但外界普遍认为这"一小步"将给德邦证券的成功上市带来极大影响。郭广昌把复星的投资原则和策略概括为"伯克希尔"和"通用电气"的结合，但与后两者相比，复星还没有低成本的稳定的资金来源，郭广昌只好把战略的触角伸向了金融业。

复星旗下的矿山、钢铁、房地产三大板块具有产业链条实现了上下游的互补性。复星在产融结合方面进行尝试，而德邦证券正好就是突破口。之后，德邦证券便成立了一个与复星集团业务相衔接的工作小组，定期或不定期地与对方进行有效沟通和资源共享。对接的部门包括经纪业务、投行业务、固定收益、资产管理业务等。这些企业都是复星的持股公司，通过德邦证券，复星完成了向旗下实业输送资金的目的。

4. 投资永安财险

完全掌握德邦证券后，复星再一次将注意力转向了金融。这次，它给自己确定的目标是——国内唯一一家总部设在西部的财险公司，永安财产保险股份有限公司成立（简称"永安财险"）。当时，虽然拥有当地政府的大力支持，但永安财险依然无法盈利。2007年12月，复星集团通过旗下的复兴医药、复星产投、复星工发三家公司出资4.69亿元参股永安保险，总持股比例达14.6%，复兴正式介入保险业。

……

不可否认，复星之所以能在短短20年的时间里一跃成为民营企业的翘楚，与其强大的资本运作能力是分不开的。其"投资收购+资产证券化"的模式的运作离不开集团内部的强大融资能力。正是因为引入了产融结合模式，复星所投实业和金融产业才得到了协调发展。

☆中国式产融结合的创新模式

依托于国有金融体系进行的产融结合

中国式产融结合的创新模式，首要的是依托于国有金融体系进行的产融结合。中国金融体系主要包括六个实体：人民银行、政府、商业银行、证券和基金公司等。理解国有金融体系，需要了解这六个实体的功能和及相互之间的关系。

1. 人民银行

人民银行是国务院领导下的国家银行，又称"央行"，不以营利为目的。人民银行是"钱"的源头，老百姓口袋里的钱、住房贷款借的钱、公司给付员工的工资，源头都来自人民银行。人民银行向市场投钱的方法主要是：对商业银行"再贴现"、"再贷款"，在公开市场上购买政府发行的国债。

2. 政府机构

各级政府也需要资金来维持日常运营，需要投资于建公路、铁路等基础设施。政府的资金来源主要是税务、国企收入、政务收费和债务。

3. 商业银行

从本质上来说，商业银行也是公司，只不过运营的是钱而不是商品罢了。大家把自己积攒的钱存在银行里，银行把汇总的存款一批批贷款给各企业、收利息；同时，给存款人一定的利息。

4. 证券公司、基金公司等金融投资机构

银行利息偏低，越来越多的人把钱投到预期回报率更高的金融产品上，例如：股票、基金等。证券公司（券商）、基金公司在此类投资活动中发挥着巨大作用，而且业务越来越多元化。比如证券公司，它既可以帮客户下单买股票（经纪），又能够帮公司上市（投行）。

5. 企业

企业特别是中小企业的发展离不开资金，它们获取资金的通常方式是通过创始人的初始资本，以及经营企业时产生的盈余利润。

企业融资时的资金主要来源于银行贷款、风险投资机构、股票市场等，方式分为：股权和债权。吸纳股权投资时，公司现有股东需要出让公司的股份，让投资者成为新股东，这样做不用还钱，也没有还债压力。

6. 老百姓

老百姓辛勤劳动，赚钱不容易，他们的收入一部分钱用于消费，买房买车买菜都是消费；一部分存在银行里，回报率很低但起码没有太大的风险；一部分投资到股市、基金等投资产品里，风险高点，预期回报也高一点。老百姓在消费、投资、存款的时候，钱又回到了金融体系中，在金融体系中循环流转。

7. 我国现阶段金融体系基本框架

金融体系是经济体中资金流动的基本框架，我国现代金融体系主要包括：金融调控与金融监管体系、金融组织体系和金融市场体系。目前，中国金融业已经打破了国有银行一家独大的垄断局面，构架更加多元化。我国现阶段金融体系的基本框架有四个层次：

一是金融监督管理层，包括中国人民银行、银行业监督管理委员会、保险业监督管理委员会、证券业监督管理委员会，简称为：人行、银监会、保监会、证监会，即"一行三会"。

二是国家政策性银行，包括农业发展银行、国家开发银行、进出口银行。

三是不同所有制形式的商业银行，主要包括：①国有独资商业银行，包括工行、农行、中行、建行，四家国有商业银行的资产和交易额占到国内金融业务的60%以上；②其他商业银行，包括10家全国性商业银行、112家地方性银行以及机构数量最大的信用合作体制——农村信用社；③外资金融机构。从加入WTO至今，已有180多家外资金融机构进入我国。

四是非银行金融机构，主要包括保险公司、证券公司，在银监会监管下的邮政储蓄、信托投资公司、租赁公司、财务公司等。

依托于国外投资基金的产融结合模式

所谓海外投资基金，指的是投资基金的发行对象是境外的投资者，投资方向一般是国内的有价证券组合。

采用这种融资方式的好处主要体现在四个方面：

一是可以更有效地利用外资。这一种基金与外债有着很大的不同，不仅不会造成外债负担，还可以把筹集的资金集中在国内并加以有效利用；二是方便境外投资者进行合法投资，对大投资商的操控市场行为有着一定的限制；三是在不影响国家外汇管理的前提下，可以减少国内公司的外汇风险；四是作为国内证券链接国际资本的控制阀，进一步开拓证券市场，进一步吸引外资。

海外投资基金融资可以将社会闲散的资金聚合起来，并使它们在一定的较长期间内维系在一起，这对融资者来说是非常有利的，很多企业都会采用这种方式进行融资。

现在给大家介绍几个国外产业投资基金的典型案例：

1. 麦格理银行

麦格理银行总部位于澳大利亚悉尼，主要为国际范围内的客户提供全方位的财务和投资银行服务。1996年，麦格里在澳大利亚证券交易所上市，如今是澳大利亚最大的15家上市公司之一，在24个国家拥有99处基础设施资产，是基础设施资产最大的非政府类拥有者。

作为澳大利亚最大的投资银行，麦格理银行已经成为全球基础设施专项基金管理业务的领导者，其管理的600亿美元分布在27只基础设施基金中，管理的99项资产分布在全球。

麦格理成功的关键在于采用了独特的管理方式，每个业务部门都能兼顾运作的灵活性与对风险管理的控制，同时又能遵守专业精神。在这种理念的鼓励下，员工建立了明确的意识和创业者奋斗精神，为麦格理的整个史册谱写了一系列重大金融的创新篇章。

麦格理的增长策略是，在发展过程中，筛选出有能力增加实际价值机会的市场，之后想办法打入该市场。采用这种策略共有两个好处：一旦市场出现机遇，麦格理就能灵活地进入新市场，也能够灵活应对世界各地的市场特殊需求。

麦格理集团共设有七个营运集团，经营不同的业务，分别是：投资银行集团、股票市场集团、澳大利亚麦格理集团团队、财资及商品集团、银行及证券化集团、房地产集团、基金管理集团、金融服务集团、通孔银元等。各集团都专注于特定的产品或市场类别，但又互相紧密合作，为世界不同地区的客户提供专项业务。

经过多年的发展，麦格理已经从一家地方银行发展为国际金融集团，并拥有考虑竞购伦敦证交所的实力和信心。

2. 凯雷集团

总部位于美国华盛顿的凯雷投资集团成立于1987年，是全球最大的私人资本公司之一，管理着192只基金和133只母基金。凯雷拥有1600多位投资专家，38个海外办事处分布在北美、欧洲和亚洲的14个国家。

凯雷专注的行业有：航空和国防、汽车和交通、消费者和零售、能源和电力、健康护理、工业、房地产、技术和商业服务、电信和媒体。其创业资本基金主要投资于能源和电力、健康护理、电信和媒体。

凯雷投资集团不断寻求潜在的投资机会，专注于投资最熟悉的行业，包括：航空、防务与政府服务、消费与零售、能源与电力、金融服务、医药保健、工业、基础设施、房地产、科技与商业服务、电信与传媒以及交通运输等。

2009年3月，凯雷亚洲增长基金给深圳歌力思服装实业有限公司投资2000万美元。同年9月，为广东雅士利集团有限公司进行投资；2010年7月，凯雷亚洲基金III收购正大集团的卜蜂国际，资金为1.75亿美元；2014年1月，凯雷将海尔电器集团有限公司的股份出售，套现2.85亿美元；如今，凭借其良好的声誉，凯雷投资集团已经获得了来自75个国家的1400多名投资人的信任。

3. 汇丰集团

汇丰集团总部设于伦敦，是全球规模最大的银行及金融机构之一。从1968年，汇丰开始进行私募股权投资业务，其业务范围涉及欧洲、亚洲和北美。在欧洲，汇丰管理着20亿美元的资金，基金中20%的资金由汇丰集团投入，投资范围主要集中于7500万欧元到8000万欧元的项目。

汇丰在亚洲的直接股权投资成立于1988年，管理资金的规模达18亿美元，目前已经投资11亿美元，遍及亚洲近100家公司。

2007年8月，汇丰为福建永辉投资4000万美元。一年后，汇丰又向福建永辉集团投资7500万美元，金额是国外私募基金投资国内超市最高的。汇丰完成直投注资后，一共掌握着永辉集团24%的股份，成为永辉集团的第一大外资股东。

4. AIG

AIG即美国国际集团（Amrican International Group），是一家以美国为基地的国际性跨国保险及金融服务机构集团，总部设于纽约市的美国国际大厦。此投资集团由一群国际子公司组成，在股权、固定收入、对冲基金、私募股权、房地产等领域拥有优势。

AIG私募股权投资业务包括三部分：发起基金、基金的基金和私募融资。在私募融资业务方面，AIG管理着大约10亿美元的资金，主要为北美和西欧的杠杆收购、资本结构调整、收购、增张和兼并策略提供资本。投资集中于单笔交易在1000万美元到1亿美元的夹层融资和股权联合投资。

依托于民营金融机构的新型产融模式

产融结合离不开民营金融机构的帮助。所谓民营金融机构是指，为了适应民营经济的发展需要，为民营企业的设立与发展进行融资的民间金融机构。

民营金融机构具有自筹资金、自主经营、自负盈亏、灵活经营的特点，不仅可以为民营经济的发展创造平等竞争的外部环境，还有利于解决当前信贷活动的"非银行化"；不仅有利于市场经济的发育和成长，还对国有银行改革具有行为示范效应。

民间金融形式包括小额贷款公司、合作金融机构、社区银行、民营银行等。我国的民间金融主要发源地在沿海地区的农村，如浙江、福建、广东等。从1986年开始，农村民间借贷规模已经超过了正规信贷规模，而且每年以约19%的速度增长。在经济相对发达的东南沿海城市，各企业之间特别是民营企业之间的直接临时资金拆借或高于银行固定利率性质的民间借贷数量巨大。资料显示，温州全市中小企业资金来源总额中，来自国有商业金融机构的贷款仅占24%，其余76%全部来自民间金融。

民间金融的演变过程一般有以下几个特点：从短期金融组织逐步转变成为永久性金融机构、从只存不贷转变为存贷结合、从定期运营转变为每日运营。所有这些特点都代表了民间金融的发展方向——逐渐演变成正规金融机构。

民间金融之所以得以产生发展，主要原因就在于其成本优势和信息优势。可是，随着其经营区域和参加人数的增加，现代金融对民间金融造成的压力也是越来越大，民间金融逐渐从"互助性金融组织"走向"过渡型金融组织"，最后成为"赢利性金融机构"。

当前我国民间融资发展的趋势为：

1. 融资中介多样化：一是以投资理财等名义从事民间融资的投资咨询中介快速兴起；二是P2P、众筹等网贷平台快速发展，成为民间融资新载体；三是专门从事民间融资的中介和个人越来越多；四是小贷公司、融资担保公司等持有牌照的准金融机构，通过账外经营进入民间借贷，一些金融机构、准金融机构高管及工作人员利用其身份的便利可从事民间借贷。

2. 资金来源多元化：一是家庭部门通过个人消费贷款、信用卡等方式获取银行信贷资金后投向民间融资；二是部分资金实力较强的企业逐渐减少主营业务投入，将自有资金直接投资民间融资，或者利用其实力、信誉和地位，获取银行信贷资金，然后再通过委托贷款、信托理财等形式，从事民间融资等金融投资。

3. 融资链条复杂化：传统民间融资一般为借贷双方"点对点"直接交易，目前已发展为"多对多"网状化经营模式。从资金供给者到最终需求方的中间环节看，众多形态各异、专门从事融资中介的机构或人员增多；从资金供给方看，企业、个人、准金融机构、金融机构都可以直接或间接参与其中；从资金需求方看，除了传统的将资金用于生产、生活的家庭个人外，还能看到企业、准金融机构、金融机构的身影；从交易方式看，除传统的双方直接借贷资金外，正规金融、准金融与民间融资之间逐渐相互渗透。

4. 资金流向隐蔽化：一是名义上的资金提供者和资金需求者相互分离，企业、个人等民间资金经由企业或个人贷款，通过民间融资中介机构运作后，投向企业、投资领域，资金供求双方相互脱离，交易背景、债权债务关系、资金流动链条错综复杂；二是民间融资中介机构在资金往来中不使用中介机构账户，主要使用代理人员、中介机构财务人员、融资方股东等个人账户存取资金，操作隐蔽性强；三是随着融资中介尤其是P2P等互联网借贷平台兴起，民间融资突破了传统地域、人缘限制，流向更复杂隐蔽。

产业资本与金融资本的结合

产业资本与金融资本相结合，是中国市场经济发展的必然趋势。

纵观市场经济发展的历史不难发现，当产业资本发展到一定阶段时，资本需求会不断地向金融资本渗透；而金融资本发展到一定阶段时也必须寻找产业资本支持，以此作为金融产业发展的物质基础。于是，产业资本与金融资本会自然地发生融合。

在中国市场经济发展和成熟的过程中，除了蒙牛集团与国际金融机构的融资行为外，近年来，四川新希望集团、华晨集团、海尔集团等企业先后都在产业资本与金融资本结合方面都做出了自己的努力。可以说，进入金融业不代表一定会成功，但产业资本要成功，一定离不开金融。

2001年，海尔集团全球营业额突破600亿元，其规模直逼全球500强。靠家电起家的海尔要想有更大的发展，必须走多元化经营之路。美国的通用电气公司就是海尔做金融的样本。

通用电气每年都有1200多亿美元的收入，金融业的收入占了近一半，利润和增长率也主要来自金融业的收入。通用电气将产业与金融结合得很好，比如租赁业务、消费信贷业务等都是与其产业相结合发展的。另外，通用电气全球的资金"24小时不落地"也是海尔集团一心向往的地方。

　　2016年1月10日，青岛海尔股份有限公司出资并购了通用电气的家电业务，这样通用的资源在很大程度上也能够为海尔所用。

　　"走出去"要有全球配置资源的视野，如果我们不加入WTO，即使企业手里有50个亿也投不出去。之前，海尔申请做财务公司一申请就是8年，中国加入WTO为我国产业资本进入金融领域提供了契机，很多资源重组与并购就迎刃而解了。

☆产融结合的阶段与步骤

在产融结合的大潮中，天士力集团也大大发力。

为了更好地促进产业与资本的结合，加速推进大健康产业发展。2015年11月17日，天士力控股集团与泰康人寿、中原银行分别签了署战略合作协议，"天士力大健康产业基金"成立。

大健康产业基金投资的领域很多，与传统商业模式不同的是，此生态圈为用户提供服务的不是一个企业，而是多个具有互补性企业的联合，大家紧密合作、优势互补、利益共享、风险共担。要想完成所有的事情，仅凭一家企业之力是无法完成的，需要更多的企业和资本合力完成。

面对产业转型需求的大趋势，产融结合成了势所必然。天士力集团顺势而为，全面推进了"产业＋资本"模式，企业嫁接与融通市场化的步伐大大加快，开放了多层次资本循环，形成了以"大健康产业基金"为核心的基金群，建立了"战略资本化、资本资产化、资产证券化、证券现金化"的协同价值创造体系。

由此可见，产融结合的实现不是一蹴而就的，需要经历一个过程。概括起来，产融结合共经历了这样几个步骤：

步骤一：搭建内部金融平台

内部金融平台的建立是产融结合的第一步。如果想成功实现产融结合，想取得理想的效果，首先就要打造一个内部的金融平台。

步骤二：优化巩固融资渠道

如今，随着金融业的发展和金融创新的推进，企业的融资渠道更加丰富，融资方式也更加多样。

1. 贷款。贷款是企业最主要的融资渠道，也是最传统的融资渠道，这种融资方式在税前可以和企业利润相抵，也就可以减少企业所得税。当然,企业需要承担利息成本，可能还涉及抵押等，需考虑还款风险。广义上的贷款还包括信用贷款，企业可以利用银行授信获得贷款且无须提供抵押物；此外，向非银行金融机构贷款也属于贷款的范畴。

2. 借款。企业可以向其他资金充裕的市场主体借得资金，再利用这些资金进行发展。这些社会主体是企业甚至个人，但是需注意财务会计准则的要求等。企业还可以向其他企业进行大额借款，可以采用委托借款的方式进行，都是安全、正规、可靠的。

3. 上市。目前，除了主板、创业板等，在深市和沪市外，国家大力发展新三板，这样就为中小企业的融资提供了极大的便利。和主板比较起来，企业在新三板挂牌，成本低、时间快，是融资的不错的选择。如果企业无法上市，也可以通过争取风险投资的方法，将股权折抵，获取资金，还可以通过产权交易的方式获得融资。

当然，企业的融资渠道并不限于上述，关联企业融资、内部融资等都是可行的融资渠道，可以结合企业的实际情况进行选择。

步骤三：发展外部金融发展

这里以中海油为例进行说明：

中海油的金融产业发展战略的实施是一个长期过程，在确定战略方向、战略路径和发展方式的基础上，建立起了一个既能起到方向指引作用又具有切实指导意义的目标框架，并通过一些外部金融手段拓展了融资渠道，有效降低了融资成本，包括：利用信托的制度优势，创新产品设计，降低中海油项目的融资成本，支持主业发展；为了有效缓解资金的不足，开展了以并购为目的的信托融资；通过私募股权投资，利用外部资金，在新能源、可再生能源的开发布局上为中海油贡献价值；通过募集资金进行金融股权投资，弥补中海信托公共融资扶持主业发展的功能缺失。

步骤四：多元业务发展

和仅能单一地从银行获得融资来说，该阶段企业的产融结合有了更多元的融资手段选择，可以通过发债、典当、担保、借贷、金融租赁等融资方式融资，企业可以根据不同业务的融资需求选择不同的融资方式或组合。

1. 发债

发行企业债可以从外部市场直接获取生产经营所需资金，很多企业都是通过发债的形式来扩充资金容量的。

2016年9月26日,大唐集团完成了2016年第一期公司债券簿记。为了满足市场需求,大唐全额行使超额配售权,共计70亿元。其中3+3年期品种发行48亿元,票面利率2.94%,10年期品种发行22亿元,票面利率3.38%,创下了信用债券发行的新标杆。70亿元债券的顺利发行让大唐集团以集团公司的身份第一次出现在交易所公司债券市场,树立了良好的企业形象;3+3年期及10年债务融资成本的新低体现了其精准把握利率窗口的专业能力。这次公司债券的成功发行,让大唐集团降低财务费用、提质增效的目标得以实现。

2. 典当和担保

典当和担保经常同时出现,准入门槛较低。典当可选择受理的资产范围很广,在企业需要短期流动资金融通时是一种不错的融资方式;担保有多种类型,集团企业可以设立担保公司为二级子公司进行担保,支持子公司的业务发展和扩充;为外部企业担保,也能获取不错的金融收益。

典当行所投放的典当资金一般被中小企业用于采购原材料和设备、过年过节时支付农民工工资、偿还银行到期贷款、竞标工程项目时的保证金"缺口"、支付工程进度款等。

2008年12月初,有个从事装修业务的小老板遇到了问题。房主没有及时支付装修款,自己还为工程垫了资,资金实在周转不过来,无法按时给工人发工资,压力很大。小老板知道,对自己这样的小公司银行是不会放贷的,于是决定到典当行进行典当。他拿着一些金饰品和一辆摩托车来到典当行。典当行对当品的价值进行了评估，借给他1.5万元，为他解决了燃眉之急。房主将钱付清之后，他又将上述物品赎了回来。

3. 金融租赁

金融租赁可以与其他类型的业务进行配合，比如与信托公司合作，信托负责募集资金，金融租赁负责风险控制，也可以与实业配合，同时获取利润收益。

四川有一家数控制造公司遇到了资金问题，决定向银行贷款，但由于各种各样的原因一直没有实现。之后他们找到当地一家租赁公司。租赁公司经过调查后，认为其可以采用融资租赁中的出售回租方式，再加上该企业在数控制造方面独具规模，产品销售情况不错，盈利能力较强，其实力可有效抵消风险，因此决定与其合作。之后，双方便确定了一个融资租赁方案：数控制造公司提供2000万元的设备作为售后回租，以此融资1500万元；租赁期内，数控公司拥有设备所有权，可以直接使用，只要按季向租赁公司支付租金即可；3年后租赁期满，数控公司依然拥得设备所有权。截至目前为止，公司还款正常。

如今，由于各种各样的原因，很多企业都存在一些闲置资产，如设备、厂房等。这些闲置资产不仅无法产生经济效益，还占用了大量的生产和研发资金。为了盘活这部分资产，生产型企业完全可以通过融资租赁公司采取出售回租的方式将自有的固定资产盘活。

步骤五：资产证券化

所谓资产证券化是指以特定资产组合或特定现金流为支持，发行可交易证券。资产证券化可以让缺乏流动性的资产转换为在金融市场上可以自由买卖的证券。

很多微产融结合的做法其实都是将资产或销售、服务过程中的业务进行置换，使凝固的资产变成流动的证券，提高资产的收益率，如UPS的"物流+存货融资"的模式。

在这个阶段，企业实施产融结合的策略，可以利用信托、发债、IPO、股权融资、私募、借壳等手段。例如，山东鲁能集团利用各种融资手段成为华夏银行第二大股东、交通银行的第四大股东、湘财证券和蔚深证券的第一大股东，集银行、信托、证券、期货、保险代理等金融功能于一身。

步骤六：产融互动发展

在该阶段中，产与融做到了真正联动，不再是各自独立不发生关系的业务板块。利用创投、并购等手段存量整合，形成资本的放大，以核心产业强化带动短中长线投资的乘数效应，实现金融板块的升值。

比如联想控股在多个领域内都拥有领先企业，联想投资控股的企业主要有联想集团、神州数码、联想投资、融科置地等，联想利用其品牌和科技优势形成了不同的投融资板块，扩大了品牌营销力，带动了各类产业的资本发展。

步骤七：全面服务主业

产融结合到最后一步，就是要为主业提供服务了。因为融资的所有策略都是为了主业的发展，不能只顾忙着融资而忘了自己的主业，否则就和目标背道而驰了。

润丰小额贷款公司成立后，给北奔重汽的上游企业提供了方便快捷的资金支持，也大大促进了北奔重汽的进一步发展。润丰小贷依托北奔重汽公司给上游的借款企业，资金授信依据是借款企业连续3个月内给北奔重汽的平均供货量，结款公司的还款来源是未来的应收账款，这样，上游客户就可以如期进行自己的原材料生产和供应了。

第三章

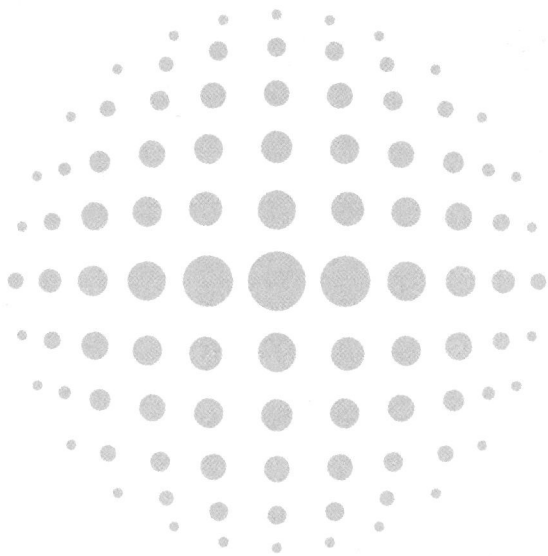

产融结合的未来
——互联网金融

◇ 产融结合须认清"互联网+"的趋势

◇ 互联网金融与金融互联网的互联网化

◇ 互联网金融：中小企业产融结合的"金矿"

◇ 互联网金融创新的三大要素

◇ 互联网金融的商业模式

◇ "互联网+"时代的产融结合新趋势

☆产融结合须认清"互联网+"的趋势

随着移动互联网和智能手机的普及，人们的生活方式发生了很大的变化。据中国互联网信息中心发布的第35次调查报告显示，截至2014年底，中国手机网民规模达5.57亿，使用手机上网的人为85.8%。调查机构Statista预计，2013～2017年的移动支付市场将以年复合增长率32.3%的速度增长，预计2017年将达到7010亿美元。

从这两组数据不难看出，如今的人们更喜欢在手机上进行金融活动。移动互联网金融突破了PC互联网在时间和空间上的局限性，使人们能够随时随地享受优质的金融服务。据此，我们判断未来移动互联网金融将会出现七大发展趋势：

1. 一部手机在手，可以满足任何金融需求

随着手机、平板等移动设备的逐渐普及以及4G的加速发展，人们正阔步进入移动互联网时代，金融理念也在从"高大上"群体走向"屌丝"人群，碎片化的金融服务已经真正融入到了人们的日常生活中。

在第三方支付方面，目前支付宝、财付通等PC端金融服务正在往支付宝钱包和微信支付等手机端转移；在理财方面，传统的理财页面也开始向APP进行转化。

现在，不去营业网点，人们依然可以方便地办理金融业务。通过手机、iPad等智能终端可以随时随地投资理财、移动支付、购买理财产品、浏览金融资讯，在零碎的时间里也可以完成基本的金融服务。

2. 个性化金融产品将极大丰富

未来，互联网金融的客户体验将更加突出业务的便捷性和个性化，移动互联网金融的服务、产品、功能等个性化趋势会越来越明显。以个人金融财富管理为例，通过手机银行，用户可以进行查询、对账、服务消费、支付转帐、投资理财等；同时，公共事业缴费、基金、债券、证券、保险、信托和社保、医疗等私人零售业务也可以在手机上完成。

进入"移动消费者年代"，客户会根据自己个性化、多样化的需求来反向要求上游机构推出产品，金融产品就是典型代表之一。

加拿大多伦多道明银行（TD Bank）曾开展过一个名为"TD Thank You"的营销活动，邀请了60名客户对部新ATM机进行测试。客户在自动柜员机上取钱时，不仅会拿到现金，还能收获到一份小小的感动。

其实，这部ATM机是TD Bank 精心设计的一部"自动感谢机"。只要客户走近，机器就会跟客户交流，还能喊出客户的名字，还会送出一份客户心仪的礼物。

所有的这一切还将被拍成视频，发布到网上。在视频发布的当天下午两点，只要客户去TD Bank分行并使用网上银行或手机银行就能收到20加元的礼金。有了这样的互动，客户的参与性都很高，活动相当成功。为了满足不同人群的不同需求，金融界必将开发出更多个性化的金融产品和服务，"以用户为导向"的服务理念也会越来越深入。

3. 从产品到产业化步伐加快

在"互联网+"时代，移动支付产业的发展对市场的拉动效应超过以往的任何产业。随着移动支付产业发展的规模化、迅速化，未来移动支付所承载的功能和使命定然会极大地超过现有的金融支付单一功能；在科技和市场迅猛发展的今天，手机银行所承载的私人银行、零售业务、大贷、小贷金融衍生业务，也会成为未来移动支付产业重要的标志。

4. 将互联网和金融带入日常生活

对于移动互联网金融，所谓的场景化就是把复杂的、相关联的、需要做风险评估的产品和服务用移动互联网化的简单思路表现出来；同时，把移动互联网金融的投资方式通过合适的途径传播给广大投资者和消费者，并融入人们的日常生活。

场景化是移动互联网金融下一阶段发展的趋势。目前，大多数互联网金融如电商小贷、在线理财、支付、P2P、众筹、金融服务平台、互联网货币等都是在传统互联网的框架内做互联网和金融嫁接。

从2014年开始，互联网金融开始实践应用场景化，微信推出的"马年发红包"活动就是明显的例子。春节假期期间，此活动在上亿的微信用户中进行了近乎0成本的推广，为微信支付的应用场景化做了很好的产品实践。相信互联网金融很快就会将这种嫁接移动场景化并使其融入人们的日常生活了。

5. 数据化价值得到真正展现

金融业是大数据的重要产生者，交易、报价、业绩报告、消费者研究报告、官方统计数据公报、调查、新闻报道等都是数据来源。

移动互联网提高了金融数据收集能力，大数据则为金融数据的处理和分析提供了思路。大数据时代下，移动互联网在金融领域的真正价值渐渐凸显。在大数据的推动下，移动互联网金融定然会以最快的速度找到合适的目标用户，实现精准营销。

移动互联网金融的核心是风险把控，关键是数据。借助大数据，金融业可以在加强风险可控性、支持精细化管理方面有效推动移动互联网金融的发展。今天，我国已经有很多银行开始使用大数据来运营业务了，例如中信银行的信用卡中心已实现实时营销，光大银行建立了社交网络信息数据库，招商银行发展了小微贷款等。

6. 出现创新型服务

在移动互联网金融时代，依靠移动互联网技术、大数据应用和云计算等新一代技术，移动互联网金融的创新会越来越明显，功能开发、产品形态、交易模式、应用模式、行业形态等各方面都会出现新的创新。移动互联网金融领域不仅会出现更多的颠覆性产品，还会产生很多新的交易模式和新型的电子商务模式，一些单一的产品创新也会向整体金融服务方案转变。

91金融成立于2011年，经过几年的发展，91金融已经从单纯的在线金融产品导购和销售平台发展为互联网金融服务提供商。自成立起，91金融就经历了大数据–交易–产品–服务的全过程。实现了服务方式的创新。

首先，91金融建立了最基础的业务模型。"91金融超市"这一在线金融产品与服务导购平台有效解决了信息的不对称问题，满足了用户的多样化需求，为用户提供了"一站式购物"体验和种类丰富的金融产品。

其次，提供定制化的金融产品。凭借海量的用户数据，深度分析挖掘用户前期需求以及征信体系，围绕特定的人群需求，开发出个性化、定制化的金融创新产品和服务，推出面向中小企业理财服务的"91增值宝"和面向个人的互联网直接理财平台"91旺财"。最后，91金融还建立了金融消费者数据库和金融产品库，这样客户就可以在最短的时间里找到最适合自己的金融产品了。

7. 金融的交互性成为发展方向

如今，只要带上手机等移动终端，人们就可以随时随地和朋友问候交流、分享资讯，整个社交圈可以被装在口袋里。交互性是移动互联网的重要特征，也是移动互联网未来的发展趋势。随着微信的普及，微信银行、微信理财、微信支付等受到了广大用户的欢迎，金融的交互性必然会成为移动互联网金融的发展方向。

在对移动互联网金融进行个人信用体系建设时，移动互联网的实名制、圈子、社交等关系数据是重要的参考因素，也是互联网金融和传统金融相比独具的优势，用户可以随时随地查看财经金融信息，供需双方也可以进行直接的交流沟通。

☆互联网金融与金融互联网的"互联网化"

要清楚"互联网+"形式下的产融结合模式,首先要明白互联网金融和金融互联网的互联网化。很多人容易将"互联网金融"和"金融互联网"两个概念搞混,看起来只是词语的前后位置挪动了,但两者的含义大不相同。

互联网金融

什么是互联网金融?百度百科是这样定义的:传统金融机构与互联网企业利用互联网技术和信息通信技术实现资金融通、支付、投资和信息中介服务的新型金融业务模式。这就告诉我们,互联网金融是一种新的金融业务模式,它可以实现资金融通、支付、投资和中介服务。互联网金融的发展模式主要经历的几个阶段如表3-1所示。

表3-1　互联网金融发展模式经历的几个阶段

阶段	说　明
众筹	简而言之就是为大众或群众筹资，即用团购预购的形式向网友募集项目资金。众筹平台的运作模式为：需要资金的个人或团队将项目策划交给众筹平台；经过相关审核后，在平台的网站上建立属于自己的页面，向公众介绍项目情况。
P2P网贷	即点对点信贷，指的是通过第三方互联网平台进行资金借、贷双方的匹配。需要借贷的人群可以通过网站平台找到有出借能力并且愿意基于一定条件出借的人群，帮助贷款人分散风险，帮助借款人选择有吸引力的利率条件。
第三方支付	狭义上是指，具备一定实力和信誉保障的非银行机构，借助通信、计算机和信息安全技术，采用与各大银行签约的方式，在用户与银行支付结算系统间建立连接。如今，第三方支付已不再局限于最初的互联网支付，是线上线下全面覆盖的综合支付工具。
数字货币	以比特币等数字货币为代表的互联网货币爆发，从某种意义上来说，比其他任何互联网金融形式都更具颠覆性。
大数据金融	大数据金融是指，集合海量非结构化数据，通过对其进行实时分析，为互联网金融机构提供客户全方位信息，准确预测客户行为，使金融机构和金融服务平台做好营销和风险的把控。
信息化金融机构	所谓信息化金融机构是指，通过采用信息技术，对传统运营流程进行改造或重构，实现经营、管理全面电子化的银行、证券和保险等金融机构。 银行的信息化建设一直处于业内领先水平，不仅具有国际领先的金融信息技术平台，还形成了"门户""网银、金融产品超市、电商"等一拖三的创新模式。
金融门户	互联网金融门户是指，利用互联网进行金融产品的销售、为金融产品销售提供第三方服务的平台。其核心是"搜索比价"，采用金融产品垂直比价的方式，将各家金融机构的产品放在平台上，用户通过对比挑选合适的金融产品。

互联网金融的主要特点体现在以下几方面：

1. 成本低

互联网金融模式下，只要通过网络平台，资金供求双方就可以完成信息甄别、匹配、定价和交易，这里消除了传统中介、交易成本和垄断利润。如此，既可以为金融机构开设营业网点降低资金投入和运营成本，也能够让消费者在开放透明的平台上快速找到适合自己的金融产品，削弱信息的不对称程度，既省时又省力。

2. 效率高

互联网金融业务主要是由计算机处理完成的，操作流程完全标准化，不用客户排队等候，业务处理速度更快，用户体验更好。比如依托电商积累的信用数据库，对信用数据进行挖掘和分析，阿里小贷引入了风险分析和资信调查模型，完成申请贷款到发放的一系列过程只需几秒钟，目前日均可完成1万笔贷款。

3. 覆盖广

在互联网金融模式下，客户能够突破时间和地域的约束，在互联网上找到自己需要的金融资源。金融服务更直接，客户基础更广泛。此外，互联网金融的客户以小微企业为主，覆盖了部分传统金融业的金融服务盲区，有利于提升资源配置效率，促进实体经济的有效发展。

4. 发展快

依托大数据和电子商务的发展，互联网金融获得了快速增长，例如余额宝上线18天，累计用户数就达到了250多万，累计转入资金多达66亿元。

5. 管理弱

互联网金融管理弱是其目前明显的缺陷，主要体现在两方面：

（1）风控弱：互联网金融没有接入中国人民银行的征信系统，不存在信用信息共享机制，因而不具备类似银行的风控、合规和清收机制，很容易出现各种风险问题。

（2）监管弱：中国的互联网金融仍处于起步阶段，缺乏监管和法律约束，准入门槛和行业规范尚不完全，整个行业面临着众多的政策和法律风险。

6. 风险大

互联网金融存在的风险表现在以下两方面：

（1）信用风险大：现阶段，我国信用体系还不完善，互联网金融的相关法律有待配套，互联网金融违约成本较低，容易诱发恶意骗贷、卷款跑路等风险问题。特别是P2P网贷平台，往往成了不法分子从事非法集资和诈骗等犯罪活动的温床。

（2）网络安全风险大：我国互联网的安全问题比较突出，一旦遭遇黑客攻击，互联网金融的正常运作就会受到影响，危害消费者的资金安全和个人信息安全。

金融互联网的"互联网化"

如果说"互联网金融"更强调电子商务形式的金融，那么"金融互联网"看重的则是参与者的联合。

从本质上来说，金融互联网是一个开放的生态系统，一个行业无法为整个互联网产业链提供全部的金融服务。传统金融机构对互联网的认识越深入，对跨界合作、提升业务和用户规模的需求也会越旺盛。

2016年国庆节的前一天，央行发布通知：同一账户异地存取现、转账等不再收取手续费。这一通知的重要性不言而喻。长久以来，用户对传统金融企业特别是银行的诟病非常多，其中乱收费、效率低是遭非议最多的两点。互联网、移动互联网的出现，为这种状况的改观创造了条件。

如今可以说，银行的转账业务已被支付宝"抢走"，银行存款业务也已经"交给"了余额宝。这样的现实让银行压力倍增，传统银行也因此积极创新，推出了很多新的金融产品，比如开发出手机银行、自己建设电商、开设"宝宝"类金融产品、与互联网企业合作等。

☆互联网金融：中小企业产融结合的"金矿"

一直以来，"融资难"和"融资贵"都困扰着我国实体经济的发展。尤其是在中小企业融资和"三农"发展等领域，问题更为突出。

从2014年开始，我国的互联网金融大规模崛起，为中小企业开辟了新的融资渠道，成为金融创新的大热点。2015年"互联网金融"这个热词第二次被写入国务院的政府工作报告，李克强总理在工作报告中提出"互联网金融应服务实体经济，倒逼传统金融机构，两者融合发展"。

为何小企业会出现融资难呢？小企业自身确实有"先天不足"的原因：经营风险大、缺乏抵押物。在经济下行阶段，银行自然就会"市场化"地对其退避三舍。而深究起来，融资不畅又是造成中小企业融资困难的根本原因！

为了破解这个融资难题，我们完全可以将互联网金融利用到中小企业融资过程中去。互联网金融是在互联网技术发展和中小企业融资难双重挤压下催生出来的互联网技术与传统金融的创新，从一出生就掌握着"破冰"中小企业融资难的基因。跟大企业及国有企业比较起来，中小企业向银行申请贷款一般额度都很小，而银行处理中小企业贷款时，为每单位资金支付的交易成本都比较高。互联网金融使用信息化技术，大大简化了贷款申请环节，大大降低了中小企业申请贷款的交易成本。

比如，阿里巴巴成立了小额贷款公司，推出了订单贷款和信用贷款产品。只要企业或个人是阿里会员，不需要抵押也不用担保就可以得到最多100万元的贷款。资料显示，阿里金融单笔小额信贷的操作成本仅为为2.3元，而银行则需要2000元左右，阿里小贷因为极低的交易成本而受到客户一致好评。

1. 融资渠道不畅是造成中小企业融资困境的根本原因

归根究底，中小企业融资渠道不畅的原因就在于融资渠道不畅，主要体现在下面几点：

（1）直接融资渠道不健全

直接融资渠道的不健全主要体现在这样几点：我国资本市场还没有形成多元层次，创业投资机制不健全，产权交易市场功能还没有得到充分发挥，风险投资发展滞后，非正规融资缺乏法律支持。

（2）间接融资渠道狭窄

中小企业想融资，绝大多数只能依靠银行贷款，其中以商业银行为主。可是在金融机构风险评估制度和银行利润的影响下，商业银行的服务对象主要锁定在大集团、大企业，给中小企业的信贷设定了较高的门槛。企业资信等级不好、缺乏可供抵押的资产，令中小企业的融资难度大大提高。

（3）内部融资能力不足

在中小企业初创期，内源融资方式发挥了巨大的作用，有效解决了企业当时无法通过直接或间接融资方式缓解资金不足的问题。可是，随着中小企业的不断成长，对内部股东融资的依赖性逐渐提升，股东自有资金不足等问题逐渐暴露出来。

2. 互联网金融开辟中小企业融资新途径

P2P、众筹融资等互联网金融融资模式的出现，打破了传统的以资本市场直接融资与商业银行间接融资为主的融资方式，为中小企业的融资拓展了新路径。中小企业的资金融通是大数据的重要产生者，交易、报价、业绩报告、消费者研究报告、官方统计数据公报、调查、新闻报道等都是数据来源。移动互联网提高了金融数据的收集能力，大数据则为金融数据的处理和分析提供了思路，大数据时代下，移动互联网在金融领域的真正价值得以凸显，其定然会快速地找到合适的目标用户，实现精准营销。

移动互联网金融的核心是风险把控，关键是大数据，在加强风险可控性、支持精细化管理方面，大数据都有效推动了移动互联网金融的发展。

（1）多渠道聚合资本为中小企业提供充足资金

从实践来看，以阿里巴巴、京东等为代表的互联网企业都有着极强的资金渠道整合能力，可以将多种渠道资本有效地整合在一起，如商业银行、证券机构、风险投资商和其他民间资本等，这样就使互联网金融企业拥有相对丰富的资金来源，还掌控着大量的短期资金，可以满足中小企业的资金需求。

（2）信息技术支撑中小企业实现快捷融资

金融的互联网化融资模式不仅弱化了传统金融业的分工和专业化，还减少了市场信息不对称造成的资源浪费；不仅降低了融资过程中的交易成本，还减轻了企业的融资负担，提高了中小企业的融资速度。

（3）平台融资降低中小企业的融资门槛

在互联网金融模式下，资金提供者不仅可以通过贷款者的消费、收入等历史信息了解对方的信用信息，还能够通过第三方获取借款者的信用信息，在一定程度上降低借款者和投资者之间的信息不对称，有效降低中小企业的融资门槛。

3. 互联网金融破解中小企业融资难题

要解决中小企业融资难的问题，就要将互联网金融充分利用起来。

（1）解决信息不对称问题

从一定意义上来说，互联网金融的大数据获取、处理与公开能力补充了征信体系在金融发展中的作用。因为这些数据都是由互联网金融企业主动获得的，所以可以让互联网金融企业更加主动地去对中小企业的资质进行评估。

（2）解决信贷配给问题

信贷配给问题的根源在于信息的不对称，大数据和移动通信技术对于信息不对称问题的解决是解决信贷配给问题的前提。有了互联网金融后，资金需求方可以及时了解各种信息并"为我所用"，资金供给方也能通过大数据的分析统计来了解中小企业的真正需求是什么。双方互相了解后，信贷配给这一问题也就解决了。

（3）解决直接融资市场欠发达问题

互联网金融虽然不完全符合直接融资市场的定义，多数只是在融资环节充当中介，但是从本质上来讲，互联网金融为资金需求方和资金供给方提供了直接接触的机会，使得资金可以直接在双方之间进行流动。因此，互联网金融可以弥补直接融资市场欠发达的问题。

☆互联网金融创新的三大要素

在"互联网+"席卷金融业的时候，互联网金融凭借自身的独特优势，不仅实现了用户体验的革命、降低了成本、扩大了市场，还丰富了金融市场的产品，增加了市场的广度和深度。不仅对新兴互联网经济起到重要的支撑作用，还对中小微企业的发展起到了一定的推动作用。这样必然要对互联网金融提出创新要求，因为只有创新才能有长远的发展。那么，如何进行互联网金融的创新呢？通常需要考虑以下三大要素：

要素一：专业化与多元化

互联网金融发展到今天，"跑马圈地"也圈得差不多了，下一步必须要重视精耕细作，这样专业化的要求就会提上日程。未来不仅对新兴的互联网金融企业的专业化要求会越来越高，进入互联网金融的创业群体也会越来越多元化，例如服务领域越来越多元化、产品模式越来越多元化、技术支持越来越多元化、风险来源越来越多元化……总之，会对互联网金融专业平台的能力和团队水平都提出更高的要求。

现在，创业团队的来源越来越多，比如以前做新闻媒体、搞研和传统金融的人如今纷纷跳槽来做互联网金融；以往做传统产业（如农业）的人也想做互联网金融；以往做制造业的、搞循环经济的，也想参与其中……大家都看到了"互联网+"行动计划带来的机遇，特别是"互联网+产业+金融"带来的巨大想象空间。

要素二：个性化与综合化

要将用户的个性化需求与互联网金融企业提供的综合化服务有效融为一体。过去，人们考虑的最多的是用户的某一项需求，产品创新的单一功能较多；如今，提供综合化的理财服务的平台越来越多，体现了这两年互联网金融发展的新趋势。

如今，互联网上的各种创新服务越来越多，让人眼花缭乱。在一个网站上，用户就可以一站式满足所有的需求。但是每个人的个性化需求都是不同的，发现并形成个性化的服务也很难。在互联网金融的支持下，只有找到一种个性化需求的发现机制，才能让服务做到以需求为导向。

综合化服务并不是简单地将一堆产品堆积到一起，而是要以需求为中心、重新组织板块，快速形成综合化服务。只有从用户个性化的需求发现节点入手，运用大数据采集用户留下的痕迹，挖掘用户的需求，才能为其真正提供综合化服务。

要素三：平台化与生态化

如今，很多做互联网金融的人都在致力于互联网金融生态的打造。但是对于企业来说，只有把企业单个的平台做好了，形成一种集聚能量，才能建立起互联网金融生态发展的基础。如果一开始就想做大布局、做生态，无法为他人提供有价值的服务，生态链也是无法形成的。

在互联网金融企业平台自身形成一定基础后，就可以把各种技术平台、风控平台等统统整合进来，那时其他资产平台也就愿意和你合作了。

目前在互联网金融企业中，产品同质化严重制约了行业的发展，只有学会错位发展，才能进一步打造自己的平台核心竞争力，形成品牌。只有形成品牌，才会具备更大的吸附力，才会挖掘出更大的合作价值，才能将别人融入你的生态圈。

☆互联网金融的商业模式

模式一：O2O模式

案例1：

京东是中国最大的自营式电商企业，与全国多个城市的上万家便利店建立了合作关系，形成了"京东小店"的O2O格局。京东负责为便利店提供数据支持，便利店则是京东实现O2O的落地。

例如京东与獐子岛集团拓展了生鲜O2O，京东为獐子岛品牌开放端口，獐子岛则为京东提供高效的生鲜供应链体系。另外，京东还与服装、鞋帽、箱包、家居家装等品牌专卖连锁店达成了优势整合，扩充了产品线和渠道，各连锁门店借助京东的精准营销实现了"零库存"。

京东的O2O模式在线上大数据分析的基础上，与线下实体店网络广泛布局、极速配送优势互补，不仅发挥了京东的平台和物流优势，还有效扩大了市场地盘，弥补了用户结构单一的短板，成为开拓O2O发展的又一渠道。

案例2：

银泰百货的所有商场都参加了阿里旗下天猫的"购物狂欢节"，并率先尝试了线下选品、线上支付购买的O2O模式。例如，"双11"期间，银泰百货参与了天猫设立的O2O专场"去逛街"，有效增强了O2O实力。同时，银泰百货还得到了阿里的战略入股，双方优势互补，共同打造了涉及食、住、购、娱、游和公共服务六大领域的商圈O2O平台。依靠在全国零售网络帮阿里搭建好的O2O基础设施体系，银泰全面实现了双方在线上和线下的货品、支付、物流等关键环节的融合。

O2O服务领域覆盖面广、企业数量庞大、地域性强，很难在电视、互联网门户（新浪、搜狐）做广告，而O2O电子商务模式则可以满足市场的多方面需要。对服务提供商来说，O2O可以带来众多高黏度的消费者，争取到更多的商家资源。网店传播速度更快、更远、更广，可以瞬间聚集强大的消费能力，解决团购商品在线营销问题。商家可以根据店面运营情况，实时发布最新的团购、打折、免费等优惠活动，逐渐提高销售量。

对消费者来说，O2O为其提供了丰富、全面、及时的商家团购、折扣、免费信息，能够快捷筛选并体验出商品（或服务），不仅可以满足消费者的个性化需求，也能为消费者节省因在线支付而没有消费的费用，亦能有效避免定制类实体商品与消费者预定的不符。一旦质量低于预期，甚至极为低劣，消费者就会处于非常被动的境地。

如今，O2O模式可谓是"当红炸子鸡"，不管传统零售商还是社区电商，不管企业主还是广告文案人员，都在争相了解O2O模式。那么，究竟什么是O2O呢？O2O即"Online To Offlin"，也就是将线下的商务机会与互联网结合在一起，让互联网成为线下交易的前台。这样，线下服务就可以用线上来招揽客户了。消费者可以用线上来筛选服务，成交也可以在线结算。该模式最重要的特点是：推广效果可查可点，每笔交易都可以及时跟踪。

作为一种全新的模式，O2O可以细分为以下几种模式：

1. 导流模式

导流模式是指，以门店为核心，O2O主要用来为线下门店导流、提高线下门店的销量。最简单的做法就是，线上发放优惠券，线下使用；线上发布新品预告，吸引客户到店试穿。通过这种方法，可以吸引更多的新客到门店消费，建立起线上和线下的会员互动互通的机制。

2. 定制模式

所谓定制模式是指，当一个客户在O2O平台与一个导购建立起良好的信任关系，并维持好这种关系，导购就会成为该顾客的私人导购，为其进行定期的服装推荐。

这样一来，企业就可以通过客户的购买记录有针对性地推送商品信息和优惠信息；顾客则可以通过O2O平台得到专业人士（导购）的指导，也可以提出自己的购买意向。通过O2O平台预约试用，则可以有效减少用户到店选择的时间成本。

"欧莱雅小美盒"是欧莱雅的微信服务号，与大众化妆品的营销方式不同，小美盒每月都会推出一个主题，并仅限本月订购，超过时间商品会下架。

"私人定制"产品的推出，增加了消费者尊贵和独有的购物感觉。目前，欧莱雅小美盒已经通过其微信服务号打造了一个O2O的购物闭环：关注账户—选择商品—在线下单—网上支付（或者货到付款）—验收商品。

3. 粉丝模式

所谓粉丝模式，指的是以消费者为主导，利用社会化平台的粉丝聚集功能，定期给粉丝推送优惠和新品信息，吸引粉丝直接通过移动APP购买商品。品牌终端、专卖店等线下资源是粉丝模式中关键的一环，而粉丝的销售服务、信息采集和粉丝管理都会以此为中心。

过去，在客人离店后，酒店几乎就跟客户失去了联系，但是现在通过O2O，酒店就可以和客户保持联系，利用分享该酒店的入住体验减免房费等手段，刺激客户主动传播和再次入住。现在，很多酒店都已经实行了在线预订到店直接入住服务，用户只要扫描二维码即可，免去了去前台登记的烦琐。通过O2O平台，酒店和客户实现了更好的连接。

4. 体验模式

采用这种体验模式的企业，绝大多数都是成长到一定规模的电子商务公司。为了解除消费者对网购商品"看不见、摸不着"的顾虑，这些公司就会开设一些体验店。在这些体验店里，一般不卖产品。

2011年，森舟国旅在厦门开了一间100多平方米的体验店，网购客户来到厦门旅游，就可以到店享受到免费喝茶服务；本地网购客户如果想节省代购商品运费，可以先在线上支付，到店后自取。

5. 托管模式

这种模式是由通路快捷首创的。2014年通路快捷推出了包括线下线上的九大服务体系，为企业提供O2O体系搭建和转型托管服务。从线上微调研、微广告、微营销、微会员，到线下的商机孵化、招商外包和运营托管服务，通路快建将线上线下的全渠道融合的做得有声有色。

在O2O体系中，门店不再是传统商业跟电子商务竞争的短板，而是一种优势资源。O2O将门店的服务适度延伸，完成了从导购、营销、下单、物流，到消费者的闭环整合。

模式二：P2P模式

所谓P2P小额借贷指的是，将小额度的资金聚集起来，借贷给有资金需求的人群。其社会价值主要体现在三个方面：满足个人资金需求、发展个人信用体系和提高社会闲散资金利用率，由2006年的"诺贝尔和平奖"得主、孟加拉国经济学家穆罕默德·尤努斯教授首创。

1976年，在一次乡村调查中，穆罕默德·尤努斯教授把27美元借给了42位贫困的村民，用来支付制作竹凳的微薄成本，免受高利贷的盘剥，由此开启了他的小额贷款之路。

1979年，穆罕默德在国有商业银行体系内部创立了格莱珉（意为"乡村"）银行，为贫困的孟加拉妇女提供小额贷款业务。

P2P中的"P"是英文"person"的意思，主要是指：在收取一定费用的前提下，个人通过第三方平台向其他个人提供小额借贷。客户对象主要有两方：一是将资金借出的客户，另一个是需要贷款的客户。

随着互联网技术的快速发展和普及，P2P小额借贷逐渐由单一的线下模式转变为线下线上并行，随之产生的就是P2P网络借贷平台。

其实，从本质上来说，P2P模式就是通过网络，将互联网平台的一端对接小额借款需求的人，另一端对接有理财需求的人，就是一个理财平台加一个小额贷款平台。

小微贷款的融资成本过高，很多银行都不愿意受理，但在互联网时代，一切皆有可能。目前，国内的P2P模式积极发展创新，产生了线下、抵押、风险备用金等模式。下面为大家具体介绍十种运营模式。

1. 纯线上的网络借贷

纯线上的模式运作，P2P网贷平台本身并不参与借款，只是具备信息匹配、工具支持和服务等功能，获得客户渠道、信用风控、交易、放款等全部流程都是在互联网上完成的，这一模式的"鼻祖"是美国的

Lending Club（P2P平台）。

这种借贷方式是民间借贷的互联网化，国内较早涉足这个行业的是拍拍贷。拍拍贷是一个纯信用无担保的网络借贷平台，开始的时候，类似于"淘宝网"竞拍。不同的是，后者交易的是商品，竞拍原则是"价高者得"；而前者交易的是借贷，竞拍原则是"利低者得"。拍拍贷的具体借贷流程是：

（1）借款人需要一笔资金，在拍拍货网站上发布一则借款信息，约定借款期限、最高年利率和资金筹措期限。

（2）放款人用自有资金对借款信息进行全额或部分投标，投标年利率不能高于借款人所约定的最高值。资金筹措期满后，如果投标资金总额达到或超过了借款人的要求，则全额满足借款人需求的最低年利率资金中标；如果资金筹措期满依然没有集齐借款人需要的资金，该项借款计划就流标。

（3）借款成功后，网站会自动生成电子借条，借款人按每月还款方式向放款人还本付息。

P2P网贷平台负责审核借款人的真实身份、职业、动产、不动产、收入支出等个人信息，评定并公布其信用等级。同时，借贷网站开立第三方账户，用于放款人和借款人之间资金的中转（即放款和还款）。P2P网贷平台上的借贷无须担保或抵押，投标前，放款人需存入投标资金到网站账户作为保证金。

2. 线上+线下——中国本土化模型

目前，大多数中国P2P网贷公司正在放弃独立的、提供撮合服务的纯线上第三方平台模式，转向"线上+线下"、为借款人提供担保或资金兜底保障的模式。为了减少坏账率，越来越多的P2P网贷公司在线上完成筹资部分，在线下设立门店。

"线上+线下"模式是指P2P网贷公司在线上主攻理财端，吸引出借人，并公开借款人的信息和相关法律服务流程，线下强化风险控制、开发贷款端客户，P2P网贷平台自己或者联合合作机构（如小贷公司）审核借款人的资信、还款能力。

3. P2P网贷公司的担保模式

2014年互联网金融迎来了分工监管，P2P网贷行业归银监会监管。因平台自身担保的模式遭到监管层的质疑，监管层的意见是"去担保"，P2P网贷公司去掉自身担保后，目前P2P网贷公司的担保模式主要有四种：一引入第三方担保，二风险准备金担保，三是抵押担保，四是引入保险公司。

（1）引入第三方担保主要是由担保公司担保，比如陆金所。担保公司的类型分为一般担保公司担保和融资性担保公司担保。一般担保公司担保的保障又分一般责任和连带责任，很多P2P网贷平台都是与一般担保公司合作。

融资性担保比第三方担保更上档次，主要表现为：①注册资金，融资性担保更靠谱，一般性担保公司，50万元以上即可；②融资性担保公司受10倍杠杆限制，随着P2P公司的规模上升，融资性担保公司的可保规模也需要提升；③目前国内融资性担保公司也存在良莠不齐的情况，无论P2P公司，还是投资者，在鉴别优劣时也存在难度；④担保模式存在费率问题，增加了P2P的交易环节和流程，增加了交易成本，成本最终会转嫁到借款人身上。

（2）风险准备金担保模式是目前行业内主流的一种模式，采用这种模式，P2P网贷平台会建立一个资金账户，当借贷出现逾期或违约时，网贷平台会用资金账户里的资金来归还投资人的资金，保护投资人的利益。

（3）抵押担保模式指的是借款人以房产、汽车等作为抵押来借款，如果发生逾期或者坏账时，P2P网贷平台和投资者有权处理抵押物来收回资金。从坏账数据上来看，抵押担保模式在P2P网贷行业坏账率是最低的。2014年，P2P网贷平台抵押担保模式盛行。目前，业内做得比较好的平台是房地产抵押贷的91旺财和车辆抵押贷的微贷网。

房地产抵押贷是最安全的，因为房地产是最具保值价值的财产，变现也相对容易，而且2015年初全国40多个城市取消限购，房地产行业依然是我国国民经济增长的重要因素。房屋看得见摸得着，如果出现违约，P2P网贷平台及其投资者可以通过各种渠道变卖房产减少损失，安全性极高。但是不足也依然存在，一旦出现问题，房屋处置过程比较烦琐，有些P2P平台是房屋的二抵押、三抵押，在风险出现清偿时，首次抵押是排在前面的。

车贷抵押要有车管所办理的预过户和抵押登记相关手续。如果借款人出现风险问题到期无法还款，车辆归抵押人所有，抵押人有权处置车辆。但是如果借款人亏欠金额过多，驾车恶意远离城市，销毁发动机号和GPS定位系统，抵押车辆被当作黑车处理，这对P2P网贷平台及其投资者来说是很危险的。

（4）保险公司担保模式是一种非常态的担保模式。有些P2P网贷公司已经或正在与保险公司"亲密接触"，保险公司将以第三方担保机构的身份帮助P2P平台分担风险。

P2P与保险合作的方式大致有四种：①平台为投资者购买一个基于个人账户资金安全的保障保险，保障资金安全；②基于平台的道德等购买保险产品；③为担保标中的抵押物购买相关财产险；④为信用标的购买信用保证保险。

保险公司担保模式有其适用范围，适合借款人多、利用大数法则来规避风险。而目前很多P2P网贷公司的借款人还很少，风控标准也不统一，保险公司是不愿意用大数法则来规避风险的。另外，保险公司与P2P网贷平台的合作模式，对于究竟是保平台还是保项目，业内对此还有争议。

4. P2P票据理财

互联网上的P2P票据理财是对传统票据业务的补充，即使是较难通过银行渠道贴现的小额票据，也可以得到流通。互联网票据理财之所以受到广泛欢迎，就是因为其有着显著的优势：银行承兑汇票到期由银行无条件兑付，安全性高，流动性强。

如今，不仅一些票据服务公司在打造在线票据理财平台，京东、苏宁、新浪、360、国美在线等互联网巨头也开始了此类业务。但票据造假的花样和手法日益翻新，票据造假的水平更趋专业化，一些中小银行曾在假票识别上栽过跟头，风险较大。

5. P2P+供应链金融

P2P+供应链金融模式的本质是在核心企业的信用提升下，让产业链上下游的中小微企业获得P2P网贷平台更多的金融服务。

P2P网贷平台会围绕供应链核心企业，参与上下游中小微企业的资金流和物流，把单个企业的不可控风险转化为供应链企业整体的可控风险，获取各类信息和数据，将风险控制到最低。

供应链金融是一块大蛋糕，从长远来看，P2P网贷平台在贸易融资领域布局是一个重要的创新突破。如今，布局供应链金融的还有很多互联网公司。银行、电商等加码互联网金融供应链模式，定然会将实力较弱的P2P网贷平台挤出视野。

6. P2L（P2P+融资租赁）

2014年以来，在一系列利好政策的推动下，中国融资租赁业重新步入了迅速发展的轨道。融资租赁，共有两种模式：直接租赁和售后回租。

（1）直接租赁

如果一家企业有了设备需求，就会找到融资租赁公司。这时候，融资租赁公司就会设计整个购买设备和出租设备的流程，同时拥有设备的所有权和出租后的收租权。这个流程，就是直接租赁模式。

接着，租赁公司如果也需要筹集资金来买设备，就会与P2P网贷平台合作，借助众多投资者的资金，将收租权（部分）转移给大众投资者。P2P网贷平台与租赁公司一起监管投资者资金账户，最终将所筹集的资金转移给承租企业A。

（2）售后回租

如果一家企业有资金需求，可以将自有设备卖给融资租赁公司，租赁公司拥有设备所有权，但是要将设备租给企业。这样，企业不仅可以获得资金，还可以使用原有设备。这就是售后回租模式。

如果融资租赁公司仍有资金需求，可以和P2P网贷平台合作，借助众多投资者的资金，将收租权（部分）转移给大众投资者。首先，P2P网贷平台可以从融资租赁公司那里获得项目；其次，投资者可以获得较高收益，因为企业通过融资租赁获得资金的成本较高；第三，有助于中小企业融资，盘活存量资产。

7. P2P+股票配资

股票配资是一个很早就出现的产业，直到2014年下半年才嫁接到P2P网贷平台上。其实，股票配资就是一个"借钱炒股"的过程，即通过在线申请，借款人用少量的自有资金做本金，向互联网理财平台借入本金几倍以上（按照一定的配资比例）的资金，然后将这些资金全部注入平台指定的账户。这种资金的比例一般从1∶1到1∶5不等，也就是说，如果投资者原有本金10万元，最大可以通过杠杆放大到50万元。

目前，做股票配资的互联网理财机构有：P2P网贷平台和金融理财超市等。配资业务本身给互联网理财平台带来的风险不太大，但是如果杠杆比例配比不上，或者平台对账户的控制不合理，也很容易发生危险。

模式三：众筹模式

众筹在国内还是初期阶段，但依然出现了很多众筹融资的案例，但成功运作的项目却是凤毛麟角，这里举两个典型的案例：

案例1：

3W互联网主题咖啡馆是由中国互联网行业领军企业家、创业家、投资人组成的人脉圈层，它的成立采用的就是众筹模式，它向社会公众进行资金募集，每人10股，每股6000元，相当于一个人投资6万元。

2011年时人们都在玩微博，3W咖啡很快便汇集了一大帮知名投资人、创业者、企业高级管理人员，如：沈南鹏、徐小平、曾李青等数。

3W咖啡引爆了中国众筹式创业咖啡在2012年的流行。之后，几乎在每个城市都出现了众筹式的3W咖啡。3W以创业咖啡为契机，很快就将品牌衍生到了创业孵化器等领域。

3W的游戏规则很简单：不是所有人都可以成为3W的股东，股东必须符合一定的条件。3W强调的是互联网创业和投资圈的顶级圈子，是3W带给股东的圈子和人脉价值。

试想，如果投资人在3W组织的活动中找到了一个好项目，那么多少个募集期间投入的6万元就赚回来了。同样，创业者花6万元可以认识大批同样优秀的创业者和投资人，既有人脉价值，也有学习价值。要知道，3W打造的是一个分享场景和投资机会平台，很多顶级企业家和投资人的智慧不是区区6万块可以买到的。

案例2：

2014年2月，联合光伏在众筹网发起建立全球第一个兆瓦级分布式太阳能电站的众筹项目，项目是典型的股权众筹模式。该项目预计筹募资金额为1000万元，每份筹资的认购金额为10万元，每个用户最多购买一份，投资者不超过100人所有支持者都将会成为此次项目的股东。

光伏互联众筹项目是通过互联网方式发布光伏电站项目并募集众多非金融机构的资金参与光伏电站与清洁能源建设，联合光伏这个项目无论是从规模还是从具体实施上，都为整个众筹行业起到了示范作用。

所谓众筹平台，是指创意人向公众募集小额资金或其他支持，再将创意实施结果反馈给出资人的平台。网站为网友提供发起筹资创意，整理出资人信息，公开创意实施结果的平台，以与筹资人分成为主要盈利模式。

这是一种新型的融资方式，融资方通过众筹融资的平台发布自己的创意、项目或企业信息，互联网用户根据自己的判断来用金钱投票，少量的资金就可以成为一个企业的股东。对创意的提出者或创业者来说，他们的创业成本更低，众筹融资能更好地促进创新创业。

众筹使社交网络与"多数人资助少数人"的募资方式交叉相遇，通过P2P或P2B平台的协议机制使不同个体之间融资筹款成为可能。构建众筹商业模式要有项目发起人（筹资人）、公众（出资人）和中介机构（众筹平台）这三个有机组成部分。运筹模式运作的四大流程如下：

第一步：项目发起人将项目策划交给众筹平台，经过相关审核后，通过视频短片、图片、文字介绍等形式将创意项目在平台上发布出来，出资人在平台中选择自己中意的项目。

第二步：项目发起人在平台筹集资金时，设定好筹资项目的目标金额和筹款截止时间，对项目感兴趣的出资人就可以在目标期限内进行一定数量的资金支持。

第三步：在项目到达截止时间时，如果成功达到目标金融，该项目融资即算成功，创意者将获得融资资金，支持者确认资助；如果没有达到目标金融，该项目融资就失败，创意者融资资金就要被返还给支持者。

第四步：项目发起人开始运行项目，出资人对项目进行监管并获得项目产品作为回报，对实物产品项目的融资，其回报即为产品，对购买股权进行的融资，其回报即为企业的股权。

模式四：保理+P2P模式

1. 保理业务的概念

保理业务是一项应收账款综合信用服务，建立在企业交易过程中订立货物销售或服务合同的基础上。此业务以债权人转让应收账款为前提，由商业银行或商业保理公司提供，是集应收账款催收、管理、坏账担保和融资于一体的综合性金融服务。

保理业务的分类方式有很多种，主要分类如表3-2所示。

表3-2　保理业务的分类方式

分类标准	种类	说　明
地域	国内保理	债权人和债务人都在境内的保理业务。
	国际保理	债权人和债务人中至少有一方在境外（包括保税区、自贸区、境内关外等）的保理业务。
是否有追索权	有追索权保理	在应收账款到期无法从债务人处收回时，保理公司可以向债权人反转让应收账款、要求债权人回购应收账款或归还融资
	无追索权保理	应收账款在无商业纠纷等情况下无法得到清偿的，由保理公司承担应收账款的坏账风险。
是否通知买方	明保理	将应收账款债权转让事实以书面形式通知买方。
	暗保理	应收账款债权转让事实不通知买方。
是否融资预付	折扣保理	保理商按一定折扣提供预付款融资。
	到期保理	保理商不提供预付账款融资，而是在赊销到期时才支付。
保理商类型	银行保理	银行从事保理业务。
	商业保理	商业保理公司从事保理业务。

保理业务的开展不仅有利于推动中小企业融资，弥补资金不足；还能够加速商品流动资金的回笼，建立良好的供销关系。如果说融资租赁业务解决的是企业固定资产资金需求，那保理业务就是满足大量中小企

业的流动资金需求，是供应链金融的重要环节。

2. P2P网贷平台商业保理业务运营模式

P2P网贷平台商业保理产品一般都是有追索权的保理。商业保理业务涉及多个环节，包括供应商、买方、保理公司、P2P网贷平台、担保公司/保险公司等。一般来说，P2P网贷商业保理业务的还款源有以下几个：

第一还款源是基础交易中的债务方，即买方；第二还款源是基础交易中的债权方，即供应商；第三还款源是保理公司；第四还款源是担保公司（保险公司）等。此外，如果P2P网贷平台有风险准备金保障机制，遇到逾期或违约情况，就会成为最后还款源。

模式五：融资租赁+P2P平台的资产证券化模式

如今，越来越多的P2P平台都瞄上了融资租赁这块尚未被充分开发的大蛋糕，比如爱投资、租宝、理财范、积木盒子等就相继推出了与融资租赁挂钩的P2P理财产品。

2016年，中国融资租赁进入了行业发展的关键期，但就目前金融局势来看，如果银根进一步收紧，资金渠道也会逐渐收紧。很多融资租赁机构业务杠杆就不能放大，赢利能力也会受限；一些进口大型设备制造商也要面临市场困境；对于承租机构来说，设备供应不足也可能导致错过行业发展良机。

P2P投资平台与融资租赁的合作是P2P未来的发展方向之一，其优势就在于有资产的存在，不过同时也存在一些问题和挑战。

融资租赁是出租人根据承租人对租赁物件的特定要求和对供货人的选择，出资人向供货人购买租赁物件，并租给承租人使用；承租人则分期向出租人支付租金。在租赁期内，租赁物件的所有权属于出租人所有，承租人拥有租赁物件的使用权。

融资租赁主要包括：回租融资租赁、杠杆融资租赁、委托融资租赁、项目融资租赁等。在互联网金融中，网贷平台所对接的融资租赁项目主要为回租融资租赁，即设备的所有者先将设备按市场价格卖给出租人，然后又以租赁的方式租回原来设备。

融资租赁和线下实体经济紧密相连，特别是在医疗设备、交通运输设备、工程机械设备等行业中。由于各行业特点不同，融资租赁的单一项目金额通常都比较庞大；而且，目前国内融资租赁行业的资金来源较为单一，如果项目资金量过多，租赁公司自然就无法提高流动性、盘活资产。而互联网金融的创新模式在一定程度上也为融资租赁提供了更广泛的资金来源，为融资租赁公司的进一步拓展提供了帮助。

目前，融资租赁与网贷平台的合作主要是以收益权转让和债权转让模式两种方式进行的。

1. 收益权转让模式

这种模式的具体方法是：融资租赁公司与承租企业签订融资租赁协议后，把该笔融资租赁资产收益权通过P2P平台转让给投资人，由融资租赁公司向承租企业收取租金再按照合约定期向投资人还本付息，融资租赁公司赚取二者中的差价。

2. 债权转让模式

这种模式的具体方法是：承租企业直接在网贷平台上发起项目，平台根据对承租企业的承租合同、盈利能力和租赁物做尽职调查，并把信息在平台上向投资人披露；项目成立后，承租企业通过融资租赁公司签订融资租赁协议取得设备使用权，融资租赁公司则把该笔融资租赁债权转让给投资人，承租企业再定期向租赁公司支付租金。租金支付完毕、项目到期后，租赁公司再向承租企业转让设备所有权。

采用租赁方式，有下面几个好处：

（1）融资租赁+P2P网络借贷具有标的物优势，可以有效降低投资风险。在平台资金流动的过程中，融资租赁公司拥有标的物的所有权，是投资人的实物保障，资金更安全，风险更低。

（2）融资租赁+P2P网络借贷平台实现了金融、互联网与实体的无缝对接。在平台进行网络借贷的过程中，标的资产形成了一个供应链金融，将互联网、金融与实体经济巧妙地结合在了一起，拓宽了融资租赁公司的资金渠道。

（3）融资租赁+P2P网络借贷具备一定的知名度优势。如"租宝"、红象金融等融资租赁P2P网络借贷平台通过各大媒体、网络等平台进行了企业宣传，获得了一定的知名度和效益。

模式六：地产+互联网金融结合模式

仅仅是互联网与房地产结合还无法形成完整的商业模式创新闭环，

"互联网+房地产+金融"的模式或许会带来更深刻、系统的变革。

其实，早在两年前万科总裁郁亮就抛出过"行业天花板"的论断："住宅市场不可能永远增长下去，不出10年，我们会看到行业的'天花板'。"在"互联网+房地产"发展如火如荼的今天，大多数案例还只停留在表面的营销层次，二者究竟可以深入到何种地步还尚未可知。如果能够从中引入金融的概念，形成"互联网+金融+地产"的模式，局面或许会在更短的时间里趋于明朗化。

1. 近半数房企探索互联网金融

如今，房企之间的争夺不再仅仅局限于常规的合纵连横，"互联网+金融+房地产"的运行模式正在成为拉锯战中成功者的标配。从万科、恒大入股银行，到绿地联手阿里打造"地产宝"，房地产与金融加速融合，推动了新型融资模式的涌现。据不完全统计，我国排名前50强的房地产企业中已经有40%的企业通过各种方式进入了互联网金融领域，万达、万科、新湖中宝、中天城投、保利地产等房企都将互联网金融作为转型或者业务的延伸方向。

案例1：

2015年4月，保利地产与民生银行推出了理财产品"利民保"，"利民保"的推出是为了解决在不动产投资中，客户、开发商与银行三者的资金压力难题，实现共同盈利。其操作模式为投资人购买银行的理财产品，银行在扣除服务费用成本后把资金贷给地产商，地产商由于节省了融资成本，因此可以通过价格让利将房屋的优先购买权给予投资人。购买"利民保"产品的用户不仅可以用优惠价格锁定项目开盘时的售价，还能够享受封闭期内的理财收益。即使用户不购买房产，也可以享受到由民生银行提供的保底收益。

案例2：

2014年9月，万科集团和平安集团联合推出了"平安万科购房宝"的理财产品，最低5万元起，期限从3个月到1年不等，收益包括：年化收益率约6.5%的预期现金收益和年化收益率3%～5%的积分收益，首期产品仅面向上海万科的四个楼盘。如今，万达已经把金融板块纳入到了集团的主业中，形成地产、金融、电商、文旅四大板块并重的格局。

显然，互联网金融或将成为万达完成第四次转型的重要催化剂。

2. 地产中介开辟新战场

除了房企之外，房地产中介公司也纷纷推出了互联网金融产品。

2014年12月，链家网旗下互联网房产金融平台"家多宝"系列短期理财产品正式上线，其"零风险、短期限、低门槛"的优势吸引了投资者的青睐。"家多宝"主要针对链家房屋交易的借款项目，用于房屋抵押贷款、赎楼、尾款垫资、换房等房屋交易过程中所产生的短期资金周转，平台不会触碰资金，房款资金全部由第三方易支付进行监管，通过账户托管系统，保证资金只能流向借款人账户，做到专款专用。

此外，中原地产、世联行、Q房网、好屋中国等房地产中介平台也加快了互联网金融的步伐。如中原地产启动的"大金融"战略，与包括银行、基金、信托、券商、资管在内的100多家金融服务方建立了合作关系，搭建了一个庞大的金融平台，为开发商和购房者提供融资方案。

3. 互联网金融成地产业新"风口"

房地产是高度依赖于融资的行业，房地产界的"O2O+P2P"是这个行业未来的前景。从目前来看，房企涉足互联网金融主要依靠第三方平台，依附性较强。此外，长时间依靠单纯散售模式的开发商也多数面临资产持有和运营能力不足、资产成本过高、收益率较低等困境。可以预见的是，短期内房地产领域的互联网金融，依然会集中在预售资金、销售收入、应收账款、企业融资等中短期投资项目中。

互联网金融是房地产领域的一个巨大风口，已经成为房地产开发企业共同追逐的新热点，各家上市房企都围绕资本战略做出了相应的调整。风口再好，要想取得资本市场的真正认可，还需要投身互联网金融的房企拿出相应的业绩。

模式七：股权众筹模式

人们都说"人无股权不富"，在国家政策明令提高居民财产性收入的今天，在"互联网金融指导意见"出台、股权众筹越来越规范化和大众化当下，作为新型的融资方式及投资渠道，股权众筹正被越来越多的人所认识和接受。

案例1:

张纪中是金牌导演、制作人,曾在电视剧制作中掀起《笑傲江湖》开启的大陆武侠题材热和《激情燃烧的岁月》引领的新型军旅题材热;他第一个确立了制片人中心制的电视剧生产模式;他也是第一个把中国电视剧作品版权高价卖到海外的导演。华人天地的董事长张津的舅舅正是这位金牌导演,华人天地在众投邦平台众筹定增时,张纪中也是火线增资入股。

除去"国舅爷"张纪中这个场外因素,华人天地的项目本身也很优质。文化影视行业本来就是发展最为火热的行业之一,华人天地的制作团队也是实力雄厚,负责影片制作、艺人管理、后期剪辑的几个主管都有着超过十五年的行业经验!

华人天地在众筹时创造性地推出了回购条款、无风险定增,都是值得股权众筹融资者学习和借鉴的地方。

华人天地开创了新三板与股权众筹相结合的先河,是股权众筹的参考甚至教科书般的经典案例。

案例2:

2012年5月,脱离爱奇艺的朱江带着他的商业计划书走遍了北上广深等全国主要城市,拜访了100多位投资人,没有得到肯定答复的朱江灵机一动,在淘宝上注册了一家店铺,名为"美微会员卡在线直营店",购买者够得了会员卡，不仅能够享有"订阅电子杂志"的权益，还可以拥有美微传媒的原始股份100股。

美微传媒上线仅仅4天的时间，就筹集了80万元的资金。这件事在当时轰动一时，不少人怀疑它的合法性，果然事后不久，美微传媒就被证监会紧急叫停了。

国内首例股权众筹案例就此失败，但是不管结局如何，作为首个"吃螃蟹"者，美微传媒都不失为股权众筹史上的经典案例。

案例3：

2015年5月29日，wifi万能钥匙在筹道股权众筹平台上线，项目上线不到一小时，浏览量就突破十万，众筹成功时浏览量超过300万，共有5712人认购，认购金额达到70亿元。

吸引到如此之多的投资人和民间资本，wifi万能钥匙确实是前无古人了，也让自己成了参与人数最多的股权众筹案例。

股权众筹是指，公司出让一定比例的股份，面向普通投资者，投资者则通过投资入股公司，获得未来收益。这种融资模式，是在互联网渠道的基础上进行的，也就是我们所说的股权众筹。客观地说，股权众筹与投资者在新股IPO时申购股票本质上并无太大区别，但在互联网金融领域，股权众筹主要指向较早期的私募股权投资，是天使和VC（风险投资）

的有力补充。

从投资者的角度，以股权众筹是否提供担保为依据，可以将股权众筹分为无担保的股权众筹和有担保的股权众筹两大类：前者是指，在投资人进行众筹投资的过程中，没有第三方公司提供相关权益问题的担保责任；后者是指，股权众筹项目进行众筹的同时，由第三方公司提供相关权益担保。

股权众筹运营中的主要参与主体包括筹资人、出资人和众筹平台三个组成部分，部分平台还专门指定有托管人，如表3-3所示。

表3-3　股权众筹主要参与主体

参与主体	说　明
筹资人	筹资人又称发起人，指融资过程中需要资金的创业企业或项目，他们通过众筹平台发布企业或项目融资信息以及可出让的股权比例。
出资人	出资人往往是数量庞大的互联网用户，他们利用在线支付等方式对自己觉得有投资价值的创业企业或项目进行小额投资。待筹资成功后，出资人获得创业企业或项目一定比例的股权。
众筹平台	众筹平台是指连接筹资人和出资人的媒介，其主要职责是利用网络技术支持，根据相关法律法规，将项目发起人的创意和融资需求信息发布在虚拟空间里，供投资人选择，并在筹资成功后负有一定的监督义务。
托管人	为保证各出资人的资金安全及出资人资金切实用于创业企业或项目和筹资不成功的及时返回，众筹平台一般都会制定专门银行担任托管人，履行资金托管职责。

采用这种模式，有些问题是需要注意的：

1. 将股东身份直接体现

对于委托持股模式，众筹股东的名字不会在工商登记里体现出来，只会显示实名股东的名字。尽管法律认可委托持股的合法性，但是还需要证明众筹股东有委托过实名股东。

这种委托关系是众筹股东和实名股东之间的内部约定。如果这种约定没有书面文件或其他证据证明，一旦众筹公司和实名公司翻脸、不认可众筹股东的身份，众筹股东就会有口难辩，根本没法证明"我就是这个公司的股东"或"他名下的股份其实是我的"。

对于持股平台模式，众筹股东与众筹公司之间隔了一个持股平台，众筹公司股东名册里只有持股平台，没有众筹股东。因此，众筹股东与众筹公司之间的关系是间接的，身份也相对隐晦，几乎无法对众筹公司产生直接影响。

很多公司的全员持股计划实际上也是一种股权众筹，有的是全员持股公司，如华为，员工仅持有一种所谓的"虚拟受限股"，凭此股员工可以获得一定比例的分红及虚拟股对应的公司净资产增值部分，但员工没有所有权、表决权，也不能转让和出售这些股份，更体现不出其真正的股东身份。

2. 让股东参与公司经营

在很多众筹项目中，众筹股东虽然是公司股东，但是几乎很难行使公司股东的权利，基本上都无法亲自参加股东会、参与股东会表决和投票。

从众筹公司角度来看，如果每次股东会都有几十上百人来参加，也会对公司的协调和决策造成很大障碍，例如要想组织个有几十上百人都参加的股东会会非常艰难；在股东会召集前需要提前确定可供讨论的议题、哪些问题需要讨论，也会因为人多嘴杂而难以达成共识；好不容易组织起股东会，又七嘴八舌众口难调，要实现过半数通过任何表决都困难重重。

因此，众筹股东都参与决策会严重削弱公司决策效率，但是如果不尊重众筹股东的参与决策权，众筹股东的利益又很难得到保障，比如有些众筹公司收了股东的钱却不为公司办事，不好好经营；有的众筹公司经营好了就把公司资产挪为己有……所以，完全可以参照上市公司的做法，众筹股东至少要保证自己对众筹公司的经营情况有知情权，众筹公司也应当有非常完善的信息披露、法律和审计等第三方监督的机制。同时，在必要的情况下，众筹股东最好拥有提议、表决、罢免众筹公司负责人的权利。

3. 让股东自主决定是否分红

众筹股东参与众筹，很多时候是看中了众筹公司的盈利能力。为什么现在大家都愿意参与众筹？原因无非是房地产投资狂潮已过，股市不敢进；理财产品的收益率比储蓄高不了太多；P2P贷款又经常看到携款跑路的消息；而采用股权众筹，投资项目是看得见、摸得着的，其收益率更有保证。因此，自然就愿意参与股权众筹，也非常期待公司分红。

可是，公司法并未规定公司有税后可分配利润就必须分红。利润分配方案，只有股东会表决通过了，才可以根据这个方案向股东分配红利。如果股东会没有表决通过，或者干脆不审议，即使公司账上趴着大笔的税后利润，众筹股东也只能眼馋却拿不到分红。众筹公司完全可以以"税后利润要用于公司长期发展的再投资"的理由把众筹股东推掉。

如果法律没有规定强制分红，众筹股东只能自己保护自己，最好要在公司章程中约定强制分红条款，即如果有税后可分配利润，每年必须在指定的日期向众筹股东分配。

4. 入股方式严格

现实的股权众筹中，发起人与众筹股东存在或近或远的亲朋好友关系，操作起来很不规范。比如，有时候只是有朋友张罗说要股权众筹，项目没有看到、公司没有看到、文件没有看到，众筹的款项就打到发起人个人的银行帐号里了。因此这笔款到底是什么性质，谁都说不清楚。在法律上可以理解为实物众筹，也可以理解为借款。但是，众筹投资人不是公司股东，公司估值再高、股权再值钱、分红再高，也跟众筹投资人没有任何关系。

众筹股东在掏钱之前必须要弄明白，自己给发起人的投资款到底是为了获得什么？如果是股权，代持协议/入股协议签了吗？股东投票权如何描述？分红有保障吗？这些东西都用法律文件明确下来了吗？只有这些问题都规范化了，众筹股东才能保证自己的权益。

5. 把股东当作风险投资人

风险投资项目一般都风险高，潜在收益高。风险投资人通常都会对大量的项目进行投资，大部分都会投资失败，但是只要其中少数几个项目上市了、被并购，投资成功的收益回报就足以弥补投资失败的损失，还可能有很高的盈余。

但是，股权众筹本身就是为了降低投资门槛，绝大多数众筹股东都是普通老百姓。一方面，众筹投资人不可能有资金向大量的项目投资，手头的资金也就只够投一两个项目，如果这一两个项目干砸了，就血本无归。另一方面，风险投资人一般都比较了解相关行业，对项目商业可行性的判断相对专业，而普通老百姓更多的则是听信众筹发起人的鼓吹、缺乏判断的能力，投资的风险也就更高。所以，如果想提高老百姓的积极性，就要将他们当作风投资人，让他们信任你。

模式八：金融超市模式

目前，金融超市已经在中国悄然兴起，并有望成为商业银行发展的新趋势，北京、上海、浙江、大连等地纷纷建起了金融超市。

91金融信息服务（北京）有限公司成立于2011年9月1日，于2011年获得经纬创投的首轮投资；2013年9月，获得田溯宁旗下宽带资本等多家机构的第二轮投资；2014年7月，91金融完成新一轮投资人引入，领投方为海通证券直投子公司海通开元，前期投资人宽带资本、经纬创投等跟投。经过5年的发展，91金融已经从单纯的在线金融产品导购和销售平台，逐步升级为中国最大的互联网金融服务提供商，同时也是最大的创新金融服务公司之一。

目前，91金融在北京、上海、深圳、天津、厦门设有运营中心，业务遍及全国87个重点城市。团队成员主要来自中国农业银行、北京银行、民生银行、浙商银行、海通证券、中投证券、招商证券、新浪、搜狐、百度等公司，超过一半为金融数据及互联网金融产品研发人员，员工总数超过200人。

金融超市是金融机构对它经营的产品和服务进行整合，并通过与同业机构比如说保险公司、证券公司、房地产公司等的业务合作，向顾客提供的一种一体化经营方式，涵盖了多种金融产品与增值服务。

金融超市的发展主要表现在业务的全能化，银行、保险与证券等各类金融业务将逐渐融入一体。银行开始涉足资本市场或金融衍生品市场，大量非银行金融产品及其衍生品已成为当今银行的主产品。

对于银行而言，现有的网络可获得保险公司给予的报酬，并进一步向客户提供全方位的金融服务，加强客户对银行的依赖和信任，使客户与银行的联系更为密切，巩固银行相对于其他竞争者的地位；对于保险公司而言，银保一体化可以更快捷地进入银行的强大势力影响网络中，而且相较于保险代理人等方式，通过银行来分销产品的费用也更低廉；对于消费者而言，他们将获得连锁式的金融服务，大大降低综合费用。

金融超市的具体运作中有以下特征：

1. 在依托计算机和网络技术，保证营业安全的前提下，与公证、保险、抵押登记机构和经销商等相关机构联合办公，开放式地办理业务，拉近与消费者之间的距离。

2. 调整内部业务流程，合规有序地完成业务的咨询、调查、审查、审批和贷后管理过程，为客户提供一站式全过程服务，在有效防范风险的前提下提高办事效率。

3. 不仅要提供咨询、办理存取款、结算等传统业务，还要以消费信贷为龙头，带动个人理财、代理开放式基金等个人中间业务。

4. 配备相应的专业人员，提供专业化的金融服务。

5. 金融超市要办出特色，推出住房、汽车和综合消费贷款精品店等一批专业典型。

6. 有条件的金融超市可以开办与个人业务紧密相关的公司业务和机构业务。

金融超市是一个以人为本的经营过程，也就是强调服务。我国现有银行的服务方式基本做到了"来来来"的方式，例如"工商银行，你身边的银行"，"要买房，到建行"等都是"来来来"型的。其实，这一过程在国外是"找找找"型的，即在所有的客户中找到哪些是银行自己服务的对象，哪些是忠诚客户，之后再将它们开发出来。

☆ "互联网+"时代的产融结合新趋势

随着"互联网+"时代的到来，传统的产融结合模式已经出现了众多新的变化，比如：金融与非金融部门的边界逐渐模糊，创新型合作模式纷纷出现；同时，对互联网金融的挑战，各方主体的转型与创新都含有了产融结合的元素，实体产业、金融业、互联网等的多层次融合成为新的发展方向。

"互联网+"时代下，产融结合的新趋势主要体现在以下几个方面：

趋势1："资本融合"改变，实现了"知识融合"

过去，"产融结合"偏重产业的资本运作，通过金融与产业的互动来参与资本市场。"互联网+"时代则演变成了一种双向的知识与信息融合，如信息融合、人才融合和知识融合等。金融机构主要为企业提供各种中间业务服务，有效实现了人才、技术等方面的互补。同时，数据信息也成了最重要的生产要素之一。通过行业纵深合作，金融服务表现出跨界融合的特征。

趋势2：规模经济改变，实现普惠金融

传统的"产融结合"是企业集团化、大型化后的产物，集团企业利用产业资源和品牌优势支持金融发展，同时以金融资本作为后盾推动产业资本的发展，获取竞争优势，是一种典型的"规模经济"。

而"互联网+"时代，鼓励大众创业、万众创新，是面向大众的"普惠金融"。通过互联网技术，普惠金融必然会建立起一套最为包容的广泛金融体系，能够更好地促进产融结合、更好地为实体经济提供服务、激发市场运转活力、破解中小企业融资难题。

趋势3："由产而融"的局面改变，实现跨界融合

从世界范围来看，产融结合基本上可以分为两种形式："由产到融"和"由融到产"。我国政策规定，银行业不能投资实业，所以产融结合的传统发展方式主要是"由产而融"。产业集团通过金融工具，为企业的并购重组和业务发展提供资金支持。

"互联网+"时代的到来，推动了"信息经济+实体经济+金融经济"三方的互动融合。银行、证券、保险等金融企业，更加重视对互联网信息技术的应用，积极融入到了新兴互联网企业等互联网金融平台，让金融经济更加扎根于实体经济。

趋势4：产业主导局面改变，实现创新驱动

传统"产融结合"的核心建立的基础是——企业的主导产业，有什么样的产业基础就会采用相应层次的产融战略。可是，在"互联网+"时代，以新型信息技术为依托的产融结合创新业态已经成为一种发展趋势，各企业都在利用现代化的信息手段，解决融资难、融资风险控制等问题。

通过互联网平台，不仅能够实现产业互补，可以降低企业风险；还有利于金融行业实现"金融疏通血液，产业提供利润"等良性循环。

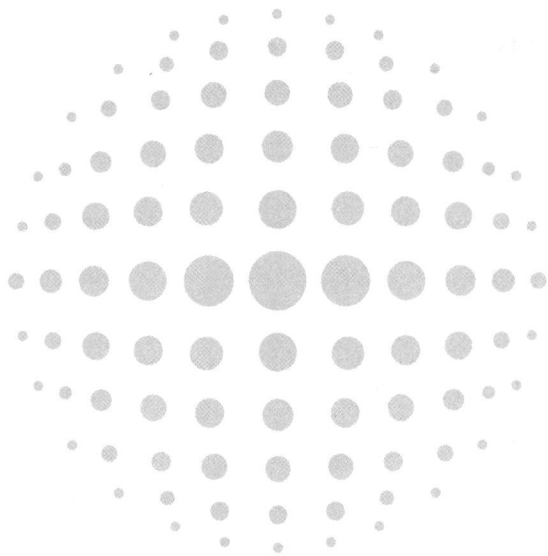

第四章
产融结合的
新思路——供应链金融

☆什么是供应链金融？

供应链金融是商业银行信贷业务的一个专业领域，也是企业尤其是中小企业的一种融资渠道，是指银行向客户提供融资和其他结算、理财服务，同时为客户供应商提供贷款及时收达的便利，或者向其分销商提供预付款代付和存货融资服务。阿里小贷就是供应链金融的先行者。

2002年，阿里巴巴推出"诚信通"产品，开始对商户数据进行量化评估，并建立了信用评核模型。

2007年，阿里巴巴与建设银行、工商银行等合作，推出了贷款产品，银行放贷，阿里提供企业信用数据。

2010年，浙江阿里小贷正式成立。

2011年，重庆阿里小贷成立，经过特批许可后向全国各地的商户发放贷款。2012～2016年，阿里小贷每年为中小企业提供了大量的贷款。

2014年，阿里成立商诚保理，在资金管理结算系统的基础上推出了出国购物退税保理业务。

目前，商业银行面临一个重要的现实问题，就是缺乏真实、实时、足够的企业交易活动记录和数据。因此，商业银行想简单复制阿里小贷的小微金融模式是比较难的。比如，仅2013年一年，阿里巴巴在零售领域就有上百亿笔交易和上万亿交易额，连同大约2.31亿活跃买家和800万活跃卖家构成了一个数据库，这一点商业银行并不具备。

不过，商业银行也有自己的优势。在现实生活中，很多小微企业是大型核心企业的供应链客户，他们的生产和交易活动都围绕着核心大企业进行，同时，核心大企业在整个供应链中要完成大量的交易活动，也可以形成相关交易记录。

大企业一般都是商业银行的重要客户，与商业银行的关系密切。银行利用这一优势就可以按照小企业与大企业的交易记录，挖掘出交易记录和订单数据等信息，之后就能运用大数据技术为核心企业供应链上下游的小微企业提供金融支持了。这种业务既打破了商业银行传统的评级授信要求，也不用再提供抵押质押担保，为小微企业解决了融资难的问题。

供应链金融的出现为中小企业融资的理念和技术瓶颈提供了解决方

案，中小企业信贷市场也不再是可望而不可即的事物。

如今，供应链金融已经逐步进入到很多大型企业财务执行官的视线。对他们来说，供应链金融是一种融资的新渠道，不仅有助于弥补被银行压缩的传统流动资金贷款额度，而且通过上下游企业引入融资便利，自己的流动资金需求水平也会持续下降。

供应链金融为客户提供了一个切入并稳定高端客户的新渠道，为供应链系统成员提供一揽子的解决方案，可以将核心企业与提供服务的银行成功地"绑定"在一起。

供应链金融的潜在市场巨大，全球市场中应收账款的存量约为13000亿美元，应付账款贴现和资产支持性贷款的市场潜力则分别达到1000亿美元和3400亿美元。

供应链金融的经济效益和社会效益非常突出。借助"团购"式的开发模式和风险控制手段的创新，中小企业融资的收益–成本比得到不断完善，表现出明显的规模经济。在国内，经过多年的发展，我国的供应链金融已经出现了一些成功案例。按照企业融资阶段的不同，可以将企业供应链金融的融资模式归纳为以下三种：

1. 预付账款模式

这种运作模式主要针对的是，商品采购阶段的资金短缺问题。具体操作方式为：由第三方物流企业或者核心企业提供担保，银行等金融机构向企业垫付货款，以此来缓解企业的货款支付压力，之后企业就可以直接将货款支付给银行了。

在这个过程中，第三方物流企业扮演的角色主要是信用担保和货物监管方。一般来说，物流企业对供应商和购货方的运营状况都相当了解，不仅能有效地防范这种信用担保的风险，还可以有效解决银行金融机构的风险控制问题。

重庆永业钢铁（集团）有限公司，主要从事的是钢铁加工和贸易，由于地缘关系，永业钢铁与四川攀枝花钢铁集团一直有着良好的合作关系。

永业钢铁虽然员工多，年收入也不错，可是与上游企业攀钢比较起来，其在供应链中依然处于弱势。永业钢铁与攀钢的结算方式是现款现货。

2005年永业钢铁由于扩张等原因，流动资金吃紧，无法向攀钢打入预付款，给企业日常运营带来很大的负面影响。2005年底，永业钢铁与深圳发展银行（以下简称"深发展"）接触。深发展在了解永业钢铁的具体经营情况后，与当地物流企业展开合作，很快就设计出一套融资方案：由物流企业提供担保，并对所运货物进行监管，深发展授予永业钢铁4500万的授信额度，采用现货质押和预付款融资等模式，这样就为永业钢铁注入了一剂强心针。

取得了深发展的授信以后，当永业需要向攀钢预付货款的时候，深发展就会替永业付给攀钢，或替永业开出银行承兑汇票。通过这样的方式，永业钢铁的资金状况得到了极大改善，不仅增加了合作钢厂和经营品种，销售收入也稳步增长。

永业钢铁之所以能够在短时间里摆脱无法扩大经营的桎梏，关键在于其融资的预付账款用途是向攀钢进口原料，银行的融资是直接付给攀钢，这样，在供应链的链条上借助了核心企业的资信为下游企业进行了融资；其次，当地物流企业同意为银行的授信额度提供担保，并对所运货物进行监管，大大降低了银行的信贷风险，银行通过第三方获得了物权控制。

2. 动产质押模式

这种运作模式通常被使用于中小企业的运营阶段。该模式的主要特征是：通过动产质押贷款的方式，将存货、仓单等动产质押给银行而取得贷款；第三方物流企业提供质物监管、拍卖等一系列服务，如有必要，核心企业还会与银行签订质物回购协议。

这种模式将"死"物资或权利凭证向"活"的资产转换，可以加快动产的流动，缓解企业现金流短缺压力。动产质物具有很大的流动性，风险较大，第三方物流企业和核心企业与银行等金融机构合作，可以有效降低信贷风险，提高金融机构参与供应链金融服务的积极性。

深圳市财信德实业发展有限公司（以下简称"财信德"）主要从事的是国内商业批发、零售业务，成立于1998年，注册资本1000万元，是内蒙古伊利牛奶在深圳地区的总代理。

由于成立时间较晚，资产规模和资本金规模都不大，财信德的自有资金根本不可能满足与伊利的合作需要，同时又没有其他可用作贷款抵押的资产，进行外部融资也非常困难，资金问题就成了该公司发展的瓶颈。

民生银行广州分行了解到财信德的实际需求和经营情况，经过研究分析、大胆设想，与提供牛奶运输服务的物流企业合作，推出了以牛奶作为质押物的仓单质押业务。具体方法是：物流企业对质押物提供监管服务，并根据银行的指令对质押物进行提取、变卖等操作。银行给予财信德3000万元人民币的综合授信额度，以其购买的伊利牛奶做质押，由生产商伊利股份承担回购责任。该业务自开展以来，财信德的销售额比原来增加了近两倍。

这个案例充分说明，供应链金融服务能够很好地扶持中小企业，不仅能够有效解决企业流动资金不足的问题，还可以有效控制银行的风险。该案例成功的关键首先在于，民生银行实现业务创新，同意用牛奶作为质押物对企业进行授信；其次，牛奶属于容易变质的食品，操作过程中需要物流企业的积极配合。可见，在银行、物流企业、贷款客户的共同努力下才有可能实现供应链融资的顺利开展。

3. 应收账款模式

这种模式，通常出现在企业的商品销售阶段。应收账款是绝大多数正常经营的中小企业都具备的，用这一模式解决中小企业的融资问题，适应面也常广。具体操作方式是：中小企业将应收账款质押给银行进行融资，将企业的应收账款变成银行的应收账款；之后，企业将货款直接支付给银行。中国银行江苏省分行就曾为江苏工业园区内的冠鑫光电公司（以下简称"冠鑫公司"）提供了应收账款质押贷款业务。

冠鑫公司主要从事薄晶晶体管液晶显示器成品及相关部件的生产和销售，其上下游企业均是强大的垄断企业。采购原材料时，冠鑫公司必须现货付款；而销售产品，货款回收期较长（应收账款确认后4个月才支付）。随着冠鑫公司的不断成长和生产规模的扩大，应收账款几乎占据了公司总资产的45%，公司面临着极大的资金短缺风险，严重制约了公司的进一步发展。中行江苏分行了解到冠鑫公司的处境后果断地为其提供了应收账款质押贷款业务，由第三方物流企业为该项贷款提供信用担保，帮助冠鑫公司解决了流动资金短缺的问题。

该案例成功的关键在于应收账款的性质。下游企业是强大的垄断企业，应收账款能否收回关键在于下游核心企业的资信。相对于预付账款模式和动产质押模式，银行的风险最小。当然，第三方物流企业的担保也是冠鑫公司获得银行资金的重要条件。

☆UPS："物流+存货融资"的创新模式

2001年5月，全球最大的物流快递企业UPS并购了美国第一国际银行，将其改造成UPS的金融部门——UPS Capital。以此为基础，UPS开始为客户提供"IRS"服务，包括以存货、国际应收账款为抵押的贸易融资等业务。虽然对UPS来说，金融服务是一个全新的领域，但与普通银行比较起来，UPS做存货融资有着无可比拟的优势。

传统银行的存货融资就是一个文案处理工作，由进出口部的银行职员审查信用证，单据符合规定就可以押汇拨款，除非是发现客户真正存在问题，才会去海关查询，但那时可能一切都已经晚了。银行对这种跨境业务的风险通常难以控制，因此传统银行对存货融资的要求都比较高，很多中小企业是无法申请到存货融资的。UPS则不同，它将物流、信息流和资金流合融合在一起，在整个融资过程中，抵押物（存货）始终都掌控在UPS手中，这样就有效控制了违约时的风险底线。另一方面，UPS的货物全球跟踪系统可以随时掌握借款人抵押货物的动向，即使借款人出现了问题，UPS的处理速度也比会计师甚至海关快得多；而且，UPS有多年积累的外贸企业客户信息系统，可以真正了解那些规模不大但资信状况良好的中小企业信息。可见，UPS做存货融资的风险比传统银行低得多。

但是，UPS提供融资的资金从哪里来呢？从银行借！UPS集团是穆迪和标准普尔同时评定的3A企业，融资成本较低，UPS从银行融资后，就可以以较高的利率向那些急需资金但又难以获得银行贷款的中小企业提供存货融资了，赚取利差收益。

说到这里，可能你会认为UPS就是个资金的"二道贩子"，把银行的钱过一遍手后再转贷给企业。其实，这样的运用为UPS的物流业务降低了资金风险和摩擦成本，为买卖双方提供了运输仓储以外的增值服务。2003年，UPS的金融物流集成方案曾成功地解决了沃尔玛和东南亚供应商之间资金周转时间太久的问题。

当时，UPS代替沃尔玛与东南亚地区数以万计的出口商进行支付结算，他们的货一交到UPS手中，UPS就会在两周内把货款支付给这些出口商。作为交换条件，出口企业必须把出口报关、货运等业务都交给UPS，并支付一笔可观的手续费；之后，拿到货物的UPS再和沃尔玛一对一结算。

通过这一过程，出口商加速了资金周转，沃尔玛避免了和大量出口商结算的麻烦，而UPS不仅赚到了存货融资的收益，还扩大了在物流市场的份额。这就是合作的多赢！

UPS金融服务的核心是托收。UPS在收货的同时会直接给出口商提供预付货款，货物就是抵押物，这样小型出口商就能得到及时的流动资金。接着，UPS会通过UPS银行与进口商进行结算，货物掌握在UPS手中，就减少了进口商赖账的风险。

对于出口企业来说，其借用UPS的资金流，货物发出后立刻就能变现。出口企业拿着这笔钱做其他事情，就可以有效增加资金的周转率。而传统的国际贸易电汇或放账交易方式，从商品出货到真正拿到货款至少需要45~60天，资金周转压力很大。

例如，有家纽约的时装公司向服装供应商订购货物，UPS收到供应商交运的货物后即时向其支付高达80%的货款。服装送交到纽约的收货人手中后，UPS会向其收取货款，之后再将余额付给服装供应商。

开展这项服务时，UPS有一个资金流动的时间差，这部分资金在交付前有一个沉淀期。在这段时间，UPS等于获得了一笔无息贷款，可以用这笔资金做贷款，贷款对象就是UPS的客户或者与快递业务相关的主体。在这里，这笔资金不仅具备交换的支付能力，还是一种资本与资本流动，能为业务链提供服务。

物流与存货融资的结合，产业向金融的自然延伸，为企业创造了更多的新价值。UPS的运作模式成功后受到众多物流企业的纷纷关注和效仿。今天，无论是UPS、德邦还是全球最大的船运公司马士基，它们最大的利润来源都已经从物流转向物流金融服务。

☆沃尔玛："零售+信用卡"模糊了金融与产业的界限

2005年，国际零售巨头沃尔玛发行了具有积分折扣功能的信用卡"发现卡"。这种卡不收年费，用户不仅可以在沃尔玛和其他加盟零售店铺使用，还能够享受最多1%的购物折扣。

在中国，2006年9月沃尔玛与交通银行、汇丰银行合作发行了联名卡，10月又与深发展、G Mony（通用金融）合作发行了联名卡。持卡人无论在店内还是店外刷卡消费，都可以获得1%的回馈积分，用积分金额可以换取店内任何等值的产品。

最近几年的5月15日，交通银行发行的沃尔玛信用卡都会开启"超级最红星期五"狂欢节，消费者能得到真正的实惠。在5月15日这一天，顾客只要拥有沃尔玛信用卡，在沃尔玛门店消费都可以收到当天消费金额50%的刷卡金返还。交通银行沃尔玛联名信用卡是一张为老百姓服务的超市类联名卡，着实给消费者带来了优惠和服务。持卡人在沃尔玛门店内消费不仅可以享受到双倍积分，还可以参与每周五5%刷卡金返还、每年不少于3次的季节性礼品赠送活动。

通过产业与金融的结合，沃尔玛不仅让自己的消费群固定了下来，还分享了金融业的收益。沃尔玛在金融方面的巨大潜力，使它成为所有银行最大的敌人和最大的合作伙伴。数据显示，如果沃尔玛开设自己的零售银行，与零售业务共用推广渠道、客户信息和支付系统，就可以将信用卡的费率成本从2%降低到1%，还能将节约出来的1%回馈给消费者。

看到沃尔玛的这种成本优势，整个银行界都感到恐慌。因此，在沃尔玛第一次向美联储递交开立零售银行的申请后，美联储就收到了上千封来自银行和消费者的信，科罗拉多州的一位银行主管甚至说："允许沃尔玛开银行将给整个银行业带来难以承受的灾难。"由于整个美国银行界都反对，沃尔玛设立零售银行的计划多次遭美国金融监管部门的否决。

目前，沃尔玛只能通过与其他银行的合作来拓展金融业务，在美国主要与G Mony合作。沃尔玛庞大的消费终端让众多银行对其既恨又爱，一边坚决抵制其独立开设银行，一边又想和与它合作，这种供应链金融方面的优势让沃尔玛在与银行的合作中占得了利益的大头。

如今，沃尔玛依然在为它的产融战略努力游说，结果如何不得而知。可是，无论法律如何，现实情况是，越来越多的产业经营者都开始提供形形色色的"卡"，很多所谓的"打折卡"已经模糊了金融与产业的界限，比如：美国运通，就已经从旅游经纪公司变成信用卡公司了。

☆供应链金融的优势

实现财务成本最小化

通过产融结合，企业可以将产业资本与金融资本共同放在一个公司控制主体内，实现对金融机构的控制，提高企业资金的使用效率，有效降低企业外部金融市场的交易成本。

企业在主导产业发展进程中，通常都要跟大量的外部金融交易活动保持联系。当企业由外部金融机构提供服务时，必须按较高的市场价，付给金融企业相应的报酬费用。对于一个大企业来说，这笔费用是巨大的！

通过产融结合，却可以使金融机构成为企业的一部分，降低交易成本，节省对外交易成本支出、增加企业的内部利润。

与融合前相比，产融结合后，在信息获得方面企业会具有明显的优势，即双方在产生经济交往时，相关的谈判、履约费用都会不同程度地降低，大大节省成本。因此，节约市场交易费用、外部利润内部化也就成了企业产融结合最直接动因之一。

同时，金融资本还能为产业资本提供强有力的金融信息支持和更多的融资便利，有效促使相关费用不同程度的降低。

有利于企业经营多元化

企业一旦发展到一定的规模，不仅需要融资和投资渠道，更需要将资本多元化，在风险和收益之间寻求积极的平衡。

经营多元化的一种重要领域，就是金融领域，从一定意义上来说，产融结合是经营多元化的需要，是企业转变经营方向的便利途径，可以帮助企业分散风险。产业资本与金融资本的运转周期是不一样的，将二者有效结合起来，完全可以熨平经济周期波动导致的冲击。

产业有着属于自己的生命周期，处于成熟期的时候，企业如果想未雨绸缪、居安思危、培育整体竞争力，也是需要获得金融资本支持的。因此，进军金融领域应也就成了企业多元化发展的一个重要选择。

对于金融企业来说，如果想提高自己的竞争力，也需要企业的资本参与。俗话说得好，"小企业经营产品，大企业经营产业"，企业发展到一定规模档次时，身份会由产品投资者变成产业投资者、战略投资者。此时企业完全可以利用金融业的灵活等特点，通过并购、控股、持股等方式适时转变经营方向，将资本从低利润行业转向高利润行业，实现利润最大化。例如，通用电器产融结合的成功就得益于其在制造业形成的规模经济和竞争优势。

通用的金融业务之所以能够获得高速发展，根本原因就在于，内部产业和金融的有机结合、相互依存。通用的金融业务范围虽然广泛，但基本上都是集团产业链的相关延伸领域。

另外，通用的金融业务还利用制造业基础获得了AAA的最高信用评级，有效降低了成本融资，为产业的发展提供了有利的现金流支持。

具备更强的发展能力

企业实力的增长和发展以及经营规模的扩大，离不开两种战略的选择：一是通过改善经营管理水平，提高企业内部资源的有效性，增强企业市场中的竞争力，依靠自身积累，逐步扩大再生产，即内部管理型战略；二是通过资本市场寻求企业重组和扩张，利用兼并收购等资本运营形式，在更大范围、更高层次上进行资源重新配置，即外部交易型战略。

过去，企业选择发展战略的时候大都偏重于内部管理型战略，强调自身积累和发展，注重企业的经营管理。在经济全球化、科技发展日新月异的今天，仅仅依靠内部管理型经营战略，是很难跟上时代经济发展的。

今天，如果想将企业做大做强，就要在高度重视资本市场的经济环境条件下，参与资本市场、利用金融手段、搞好资本运营，走产融结合的道路。例如通过兼并、收购与重组等外部交易型战略，让企业的整体实力得到巨大发展；通过兼并与收购等手段，实现企业的竞争战略，大大加强竞争实力；通过重组，调整内部资源的分配，提高资源的利用效率，最终实现企业的整体发展目标。

可是，无论企业实施何种外部交易型战略，都需要一个自己掌控的金融平台，这也是企业规模化发展的必经之路。实践和理论研究都已经证明：企业成功进行产融结合后，能够更强有力地参与国内外的竞争，在国内实现优胜劣汰、优化资源配置，在国际上提升国家的综合国力和竞争力。

世界上很多大型财团都有一家大银行作为其金融平台，例如日本的住友、美国的洛克菲勒财团等就分别拥有住友银行、大通曼哈顿银行。发达国家市场经济发展的实践表明，企业发展到一定阶段时，对资本的需求会不断扩大，需要不断地向金融资本渗透，因此金融是企业壮大的必要途径。

利用自己控制的金融平台，企业可以将金融业当作产业发展的"发动机"或"提款机"，实现"金融疏通血液，产业提供利润"的良性循环，发挥协同效应，提高资产回报率。

☆供应链金融必须注意的两大方面

供应链潜藏多种风险

在供应链中，潜藏着多种风险，主要有：

1. 市场风险

所谓市场风险，指的是因利率、汇率、股市和商品价格等市场要素波动而引起的风险。主要包括：利率风险、汇率风险、股市风险和价格风险，可以使金融产品的价值或收益具有不确定性。

（1）利率风险

利率风险是供应链金融活动中面临的最主要风险。目前我国还没有完全形成利率市场化机制，银行为供应链融资产品定价时采用的依然是传统的流动资金贷款方式——固定利率。一旦利率发生变化和调整，银行无法及时对贷款利率进行调整，只能在基准利率变化的下一年度之初进行调整了。在这段时间里，银行就要承担利率变化带来的供应链金融风险了。

（2）汇率风险

在供应链金融业务中，很多业务是和国际贸易有密切关系的。在国际贸易融资实务中，无论是单一的进出口业务还是背对背的信用证交易，除非是使用本地货币或主证和背开信用证，都需要使用同种货币，否则也会面临汇率变动的风险。

（3）股市风险

在供应链金融业务中，股市风险体现得并不明显，价格风险体现最明显的是作为质押物的存货因价格波动给商业银行带来的风险，这种风险，在存货类融资模式下体现得最为明显。

（4）价格风险

市场经济通常都伴随着商品的价格波动。即使是石油等大宗商品，在某一特定时间内发生波动的可能也是较大的，因此供应链金融业务还存在较大的价格风险。

2. 核心企业信用风险和道德风险

在供应链金融中，核心企业掌握了供应链的核心价值，担当了整合供应链物流、信息流和资金流的关键角色。商业银行正是在核心企业的综合实力、信用增级和其对供应链整体管理的基础上，而对上下游中小企业开展授信业务的。因此，核心企业经营状况和发展前景决定了上下游企业的生存状况和交易质量。一旦核心企业出现信用问题，必然会随着供应链条扩散到上下游企业，给供应链金融的整体安全带来恶劣影响。

3. 上下游融资企业信用风险

供应链金融通过引用多重信用支持技术，可以有效降低银企之间的信息不对称和信贷风险；通过设计机理，可以弱化上下游中小企业自身的信用风险。可是，作为直接承贷主体的中小企业依然存在很多问题，比如治理结构不健全、制度不完善、技术力量薄弱、资产规模小、人员更替频繁、生产经营不稳定、抗风险能力差等。

同时，在供应链背景下，中小企业的信用风险已经发生了根本改变，不仅要受到自身风险因素的影响，还要受到供应链整体运营绩效、上下游企业合作状况、业务交易情况等各种因素的综合影响，任何一种因素都有可能让企业出现信用风险。

4. 贸易背景真实性风险

自偿性是供应链金融最显著的特点，自偿的根本依据是贸易背后的真实交易。

在供应链融资中，商业银行是以实体经济中供应链上交易方的真实交易关系为基础的。利用交易过程中产生的应收账款、预付账款、存货等作为抵押、质押，为供应链的上下游企业提供融资服务。

在融资过程中，真实交易背后的存货、应收账款、核心企业补足担保等是授信融资实现自偿的根本保证，一旦交易背景的真实性不存在，出现伪造贸易合同等情况，在没有真实贸易背景的情况下，银行盲目给借款人授信，就会面临巨大的风险。

5. 业务操作风险

供应链金融通过多种方式，构筑了独立于企业信用风险的第一还款来源，比如：自偿性的交易结构设计，对物流、信息流和资金流等的有效控制，专业化的操作环节流程安排，独立的第三方监管引入……可是，这样不仅对操作环节的严密性和规范性提出了极高的要求，还促使信用风险向操作风险位移。

6. 物流监管风险

在供应链的金融模式下，为了有效发挥监管方在物流方面的规模优势和专业优势，降低质押贷款成本，银行会将质物监管外包给物流企业，让其代为实施对货权的监督。可是，一旦将这项业务外包，银行可能会减少对质押物所有权信息、质量信息、交易信息动态了解的激励，带来物流监管方的风险。

由于信息不对称，为了自身利益。物流监管方可能会做出损害银行利益的行为；或者，由于自身经营不当、不尽责等，致使银行质物出现损失。比如串通物流仓储公司有关人员出具无实物的仓单或入库凭证，向银行骗贷；伪造出入库登记单，在未经银行同意的情况下，擅自提取处置质物；无法严格按照操作规则尽职履行监管职责，货物质量不符或货值缺失等。

防范风险需要多方入手

供应链融资主要指的是，银行依赖核心企业的信用，向整个供应链提供融资的金融解决方案。通常，核心企业都规模较大，其上下游企业大部分是中小企业。

从本质上来说，供应链融资就是，将核心企业的融资能力转化为上下游中小企业的融资能力，提升上下游中小企业的信用级别。在融资工具向上下游延伸的过程中，一旦核心企业出现信用风险，这种风险必然会随着交易链条扩散到系统中的上下游中小企业，对应链融资的整体安全性造成负面影响。那么，如何来有效防范供应链风险呢？

1. 加强对市场风险的识别预防管理

要想做好市场分析管理，首先就要从风险识别入手，不仅要鉴别风险的来源和可能受此风险的项目，还要对其成因做出认真分析。然后，再对风险因素进行定量分析，搞清楚情况，在综合考虑风险所带来的得失的基础上，做出最终的判断。

在我国，控制利率风险最根本的方法是实现利率市场化。在利率市场化改革完成之前，商业银行可以采取的风险控制方法主要有两类：缺口管理和套期保值。其中，采用套期保值的方法管理利率风险可以使用不同的方案，主要有远期利率协议、利率期货合约、利率互换和利率期权。

对于汇率风险的管理可以采取三种方法：对汇率风险敞口进行管理、对外汇持有期限进行管理和对汇率波动程度进行管理。

2. 提升对全产业链上相关授信企业的综合准入管理

所谓供应链金融指的是，从整个产业链角度出发，对链上各个交易方开展综合授信业务，不仅需要结合供应链总体运营状况对授信企业的主体准入和交易质量进行整体性评审，还要从供应链关联的角度对链上各主体业务能力、履约情况、与对手的合作情况等做出客观、全面的评价。

（1）规范授信前尽职调查工作，提高对授信主体真实信息的掌控能力

授信前调查是供应链金融风险防范的第一道防线，首先，要严格遵循实地调查原则，实地了解授信主体的从业经验、与上下游合作关系、交易记录、购销情况等，对存货、预付款、应付账款、应收账款等科目的变动认真核实，对周转速度及相关财务指标的合理性严格进行评估，一定不要出现贷前调查流于形式的情况。

其次，要立足供应链的金融业务特征，重视对授信主体和交易信息的并重调查。在对主体承贷能力、经营情况、财务状况和还款能力进行调查的时候，还要深入了解客户经营的动态和交易情况，对贸易交易的基础背景认真调查，仔细核实购销合同的真实性，全面分析交易的连续性……全面、客观地将客户真实的经营情况反映出来。

（2）强化对核心主体的授信准入管理

供应链金融各种业务模式，总会涉及核心企业的信用水平。核心企业，不仅对上下游企业融资起着一定的担保作用，其经营风险也对供应链上的其他企业具有直接的传递性，直接决定着供应链业务整体的荣损。

（3）真实反映供应链上下游中小企业的信用风险

在供应链金融业务中，通过交易结构的设计，可以在一定程度上将企业的授信风险与主体信用分隔开来。可是，这并不能说明，银行可以忽视授信主体自身的信用风险；银行也不能仅凭债项的自偿性和核心企

业的信用增级，盲目降低对中小企业的信用准入要求。

只有将主体信用与债项评级有效结合起来，综合考察授信申请人的综合实力、财务报表、经营效益、交易活动、自偿程度，全面客观地对中小企业的信用风险做出评价。选择合作主题的时候，要重点注意这几个方面：与核心企业合作紧密度高，已建立稳定的商品购销关系并得到核心企业的推荐或认可，生产经营正常，主业突出，主营产品销售顺畅，应收账款周转速度、存货周转率以及销售额和现金流量稳定，历史交易记录和履约记录良好等。

3. 优化业务操作流程，规范各操作环节职责要点

供应链金融操作流程环节众多、操作风险复杂多变，要根据供应链融资的业务特点，对业务流程进行重新设计，对岗位职责进行合理划分，有效控制各流程环节的操作风险。具体要点工作，主要包括以下几项：

（1）建立明确而细致的操作要求

在贷前调查阶段，信息要求一般都比普通企业授信更复杂，银行应建立专业的调查、审查模板和相关指引，调查人员应按照模板要求的框架进行信息搜集，从而有效降低调查人员主观能力对调查结果有效性的影响。

在授信业务落地环节，要细化与授信主体及其上下游企业之间合同协议签订，核实好印章，做好票据、文书等的传递，履行好应收类业务项下的通知程序行等，操作职责、操作要点、规范要求，都要一一

明细。

在出账和贷后管理环节，要明确资金支付、质物监控、货款回笼等事项的操作流程、关注风险点和操作步骤等，使得操作人员有章可循，做好自由裁量权的严格把控。

（2）针对业务管理需要明确权责

要建立专业的管理部门、设置专业的管理岗位、明确流程环节中各岗位的职责分工，细化到岗、人，由专人专岗来负责业务的推动、业务管理、价格管理、核库、巡库、合同签署、核保、资金支付和回笼监管等相关工作，使各岗位之间相互衔接配合、相互监督检查。

要通过流程化管理，对供应链金融业务做好封闭操作和全程监控，实现供应链金融业务的专业化运作和集约化运营。

4. 提升对抵质押资产的动态管理

抵质押资产是银行授信的物质保证，其变现能力是授信安全的重要指标。为了提高抵质押资产的足值性和有效性，银行要落实好以下两方面的管理要求：

（1）注重对抵质押资产的选择

选择抵质押物的时候，要满足这样几个要求：市场需求广阔、价值相对稳定、流通性强、易处置变现、易保存等。

为了更加确定抵质押物的权属关系，要让质权人提供相关的交易合同、付款凭证、增值税发票、权属证书和运输单据等凭证，严格审查相关凭证，有效核实质物权属，避免质押物所有权在不同主体间流动引发的权属纠纷。

在选择应收账款时，要选择实力强、资信高的交易对手，双方合作关系要稳定，履约记录要好，应收款的交易内容和债权债务关系要清晰。以此保证，应收账款所依附的基础合同是真实有效的，应收账款处于债权的有效期内、便于背书转让等。

（2）加强对抵质押资产的价值管理

首先，要建立一套对质物价格的实时追踪制度，逐渐完善逐日盯市操作和跌价补偿操作要求，依据各商品的信贷条件，设置价格波动警戒线；一旦价格跌至警戒线以下，就要及时通知经销商存入保证金或补货。

其次，为了有效控制抵质押资产的价值变化风险，要建立一套对授信主体的销售情况、经营变化趋势的监控机制，定期对销售情况、财务变化、货款回笼等影响银行债权的信号做好追踪，让企业根据销售周期均匀回款。

5. 加强对物流监管方的准入管理

在供应链金融业务中，物流监管方发挥着"监管者"、"中间者"和"信息中枢"等重要作用。物流监管方受到银行委托，对客户提供的抵、质押物的专业化监管，要确保质押物安全、有效，还掌握着整个供应链上下游企业货物的出库、运输和入库等信息的动态变化。银行可以通过物流监管方对质押物的监管，实现物流和资金流的无缝对接。

目前，供应链金融中的物流监管方存在很多问题，如缺乏专业的技能和诚信、企业资质参差不齐、运输和仓储监管规范不标准、借款人和物流企业联合欺诈银行等，因此银行要加强对物流监管方的准入管理。

为了有效防止物流监管方操作的不规范、管理制度缺陷等带来的损失，银行选择监管方的时候要坚持这样几条标准：经营规模大、知名度高、资信情况好、仓储设备专业、管理技术先进、操作规范完善、监管程序严谨、员工素质高。

同时，银行对物流监管方还要进行不定期检查，具体措施为：严格按照流程进行质物保管和出入库操作、齐全出入库台账手续、完备手续、足值质押货物、货物储存方式和库容库貌符合要求、日常管理到位……一旦发现合作方不符合管理要求，就要立即督促改进，必要时要坚决退出与其的合作。

6. 要加快信息系统建设

建立完善的电子化信息平台，认真统计供应链金融业务总量、业务结构、融资商品、监管企业合作情况等相关要素，完善日常融资货物的质押和解押操作，做好报表统计、风险信息提示、库存和赎货情况分析等电子化工作，实现业务操作的流程化、透明化，降低业务操作对人员的依赖性，减少随意性。

☆ "互联网+"下的供应链金融的创新模式

阿里京东模式

以阿里巴巴（简称"阿里"）为代表的模式主要是：根据平台上累积的交易流水和支付记录，对用户信用额度做出评测，发放贷款。这种模式不仅可以使企业从上下游的供应商间赚取利润，还可以保持产业链的生态健康。在这种模式中，整个交易中心就是公司本身，不仅掌握着大数据，还牢牢掌握着上下游企业，占领着统治地位。

在A股上市的众多公司中，苏宁云商采取的也是类似阿里巴巴的模式。这里值得一提的例子是腾邦国际，其采用向下游的中小机票代理商放贷模式，对"互联网+背景"下的商旅供应链金融模式实现了创新。

1. 阿里：路靠自己走

速卖通、淘宝/天猫和阿里巴巴，是阿里供应链金融的三个主要平台。

阿里小贷是阿里贷和淘宝贷的主要出资公司，随着大股东的注资，最新数据显示，阿里小贷的总资本已经达到18亿元。其实，最初的阿里小贷主要针对的是信用和订单发放的贷款都没有普及全国，仅在一部分省市试点开放,后来才拓展到全国。

阿里小贷,下面分为阿里贷和淘宝贷。其中,阿里贷是建立在阿里巴巴B2B平台上,主要业务包括:网商贷、网商贷和订单贷。而淘宝贷,则是以淘宝、天猫等B2C平台为基础的,主要包括信用贷和订单贷。现在,阿里小贷在重庆一共设有两家店,浙江也有一家。目前,在阿里小贷旗下的这两个平台上贷款是不需要抵押和担保的,是完全依据大数据进行审批的纯信用贷款。

表4-1　阿里小贷的四种纯信用贷款

贷款项目	贷款周期	贷款最高额度	日率/年利率
阿里网商贷款	6个月、12个月	100万元	平均8%
阿里信用贷款	12个月	2万元~100万元	最低10%
淘宝订单贷款	30天	100万元	0.05%
淘宝信用贷款	12个月	100万元	最低0.05%

很多小企业贷款,最需要的是让资金高速周转起来,再加上其本身风险小,平均0.05%的日息年化后就是18%~20%的收益率,对小企业融资来说是合理的。而无论阿里贷还是淘宝贷,目前实际的融资成本仅为年化6.7%。2013年,阿里巴巴将速卖通上线到国际交易平台,于是就有了"国际版淘宝"。和"全球购"相反,此"国际版淘宝"主营外销。

跨境贸易的结算时间一般都比较长,为了应对这种情况,阿里巴巴推出了三种供应链金融产品:现付宝、A信用贷款和A快速放款。前两者主要为卖方提供纯信用授信，其中现付宝主要针对保证金。A快速放款的主要资金源则是留存在支付宝中还未冻结的资金，只要卖家一发货就可以立即获得货款，平均放款周期能缩短到一星期左右。

阿里小微信贷有着巨大的先天优势，通过淘宝、支付宝、阿里巴巴等平台积累起大量的用户数据，运用在线调查和网络数据模型，可以对企业和个人的行为数据进行信用评估，形成信用评价。如此，企业就可以依赖云计算技术、运算大量小微企业的数据，对信用做出真实性判断，对风险概率和交易集中度等进行有效的判断，尽可能地保障贷款的安全性。数据显示，截至2014年3月底，参与阿里小微信贷的商家已经达到70万家，贷款总额已超过1900亿元。

2. 京东：借助银行横向发展

电商巨头京东依靠稳固的供货商链条，将未来的主要发力点也放在了供应链金融上。京东借助银行的帮助，开通了两个主要渠道：银行放贷和京保贝。第一种是由京东向银行介绍供应商，由银行给供应商放贷；京保贝则是由京东自己亲自向供应商放贷。

如今，中国银行、工商银行、建设银行等商业银行都与京东达成了合作关系。资料显示，京东在2014年第一个月的贷款规模就高达10亿元。从2013年12月初京东的供应链金融上线至今，通过其获得融资的供应商已经多达上百家，京东每月的融资额超过3亿元。

和传统供应链金融比较起来，京保贝更多的是面向小微企业，门槛低、效率高，不需要烦琐的资料和审核周期，融资额度不太固定。只要是和京东合作三个月以上的企业，即使没有担保也可以申请，从申请到放贷只需三分钟。

同阿里一样，京东在信用审批上也充分利用了大数据。凭借强大的自有物流体系，京东的供应链基础数据更加完整可靠，可以完成全线审批。由于京保贝面向的都是和京东自用业务相关的供货商，几乎没有坏账，贷款人稳定可靠，因此企业通过京保贝贷款没有金额和时间期限。

供应链是京东金融起步的一个契机。京东的发展方向是渗透到整个交易链条中去，不仅仅是借钱给供应商，还要为供应商提供采购和生产的周转资金，未来还要通过这部分收益享受增值服务。所谓的增值服务，就是类似阿里巴巴余额宝的"小金库"。

2012年6月京东就已和各大银行、金融机构进行接洽，进行了系统的布局。2013年7月，"京东金融"已成为独立的事业部，目前主要的金融业务有平台业务、网银在线、消费金融和供应链金融。

行业门户网站模式

这是一种功能类似于行业门户网站的公司，主要为行业者提供服务资讯、信息、数据和网络推广。因为所处行业体量大、线下的客户资源量大，供应链金融也就成了新的增长工具。这种企业大多数都建有第三方B2B平台，如上海钢联、生意宝、三六五网等都是2014年的大牛股，它们纷纷在钢铁行业、金融行业和房地产行业通过门户网站拓展业务。将电商平台的优势拓展到供应链金融，不仅为行业内企业解决了资金问题，也让第三方平台获得了更多的资源。

2014年生意宝公司推出"小微金融服务"，同中国银行、工商银行、浙商银行、杭州银行、江苏银行等多家银行开展了全方位的跨界合作；之后，又跟交通银行达成了协议，从供应链融资、存管账户等方面入手，充分利用各自的资源优势，展开了深入合作。

生意宝团队认为，将服务引向多元化、个性化并为客户定制金融方案，是各企业在发展转型融资时希望看到的。因此，其便通过"小门户＋联盟"的商务平台，为供应链的下游企业提供了资金存管、融资、授信等一系列金融服务，更便捷，更灵活。

一直以来，"战略定胜负"都是生意宝发展的理念。公司将自己的未来锁定在金融、电商和数据三个方面，依然为中小企业提供服务。资料显示，目前我国共有12万家下游企业、两万多家流通企业、八千多家原材料生产企业、约300家联盟网站、约200家二级电商、约100家自营与战略合作子站，围绕生意宝网站已形成了一个规模庞大、专业的电子商务产业群。

这种由金融机构和电商平台相互合作的模式，不仅有效降低了运营成本，还让信息流动更快、供应链效率更高，更给双方创造了催生融资贷款新模式的好机会。

物流公司模式

一直以来，物流都是供应链中非常重要的组成部分。在"互联网+"时代，物流的作用只会越来越重要。凭借自身在传统供应链金融中的深厚积累，无论是建立电商平台，还是进入供应链金融，物流公司都有着得天独厚的优势。

物流行业的领军者顺丰集团（下称"顺丰"）也如今已经将业务扩展到了金融领域，顺丰虽然还是金融业的一介新兵，但势头也不容小觑。只用了两三年的时间，顺丰就实现了业务金融化的转变。

2015年2月，顺丰上线了一款全新的理财产品——"顺手赚"；3月，顺丰又推出了仓储融资服务；4月，其在移动客户端推出了"中信顺手付"，目标直指支付业务。

在长达20年的经营中，顺丰慢慢积累下了很多客户资源。其发现有些中小企业客户经常会出现一定的资金困难，认识到供应链金融服务的必要性后，顺丰便果断地为中小企业提供了融资业务。

起初，顺丰的供应链金融服务还没有形成成熟的模式，主要是为各企业提供服务保价和代收货款等增值服务。2013~2014年，顺丰推出了一款叫做"顺盈"的供应链金融类产品，在基础的物流服务之外，还为用户提供支付、理财、保价、保险等业务。

凭借这一举动，顺丰不仅大幅提高了自身的综合服务能力，还完成了一次重大转型：顺丰不再是单纯的"快递公司"，而是成了专业的"服务公司"。

顺丰是如何实现了从物流企业向供应链金融的蜕变的呢？

1. "四流"

梳理顺丰的服务业务就会发现，其发展战略主要是围绕物流结算和速运两方面进行的，同时结合了物流、信息流、资金流和商流等四个供应链金融的基本项目。

为了更好地开展供应链金融业务，早期顺丰就对物流监控系统、系统对接、物流信息和交易数据等进行了全方位的业务提升，为供应链金融的实现奠定了坚实的基础。

在物流方面，顺丰分别在速运、仓配、供应链等设立了相应的部门；同时，还建立了顺丰家O2O平台；在信息和资金流方面，顺丰有效整合了B2B平台上沉淀下来的支付数据、物流数据，成为开展审核评估工作的依据；在商流方面，顺丰建立了海淘和优选两个电商平台，有力地支撑了顺丰业务。

2. "三产品"

所谓的"三产品"主要包括：仓储融资、顺丰保理和订单融资，具体来说：

（1）仓储融资

顺丰的仓储实力是相当雄厚的，旗下的物流产业园有80多个，面积多达两百多万平方米；而且，全国范围内的各仓库可以实现信息的沟通和货物，垂直管理优势明显。之外，顺丰的仓储服务经验已经有了四五年的积累，这就为仓储融资业务打下了基础。

顺丰之所以会开展仓储融资业务，主要原因在于云仓储的协调高效性和金融服务流程的灵活。顺丰有着强大的仓储协调能力，可以采用动态质押和随借随还等模式。在整个供应链金融服务过程中，仓储企业的融资需求可以根据授信和还款要求，通过动态的变量因素来满足，这就为企业的发展提供了很大的便利。

（2）顺丰保理

顺丰的仓储数据可以实现实时更新，在保理方面，其采取动态质押方式，授信额度可以随实际变动，为供应商提供了精准的服务。

顺丰保理的客户基本上都是在过去的20多年中逐渐沉淀下来的。客户行业呈现多元化，不仅给顺丰带来了机遇，也带来了不小的挑战。

其他行业许多做供应链金融服务的公司，走的都是垂直产业路线，例如钢铁、煤炭、手机等。和这些公司相比，顺丰显然并没有什么先天的优势，所以依然要对上下游的融资需求进行深入研究，才能给中小企业提供更完善的服务。

（3）订单融资

在这种模式下，顺丰会全程介入客户的订单流程，包括前期采购付款到后期仓储和交货，客户只要在发起订单时把信息交到顺丰融资平台上即可。这种全方位的服务主要针对的是与顺丰有着深层次合作的客户，很多电商已经从顺丰的服务中获得效益，顺丰的一些优惠政策也能够让客户与其产生新的合作价值。

新希望模式

在"互联网+"掀起的变革浪潮中，整个中国经济都面临着转型，传统企业更不能幸免，这不仅关系到企业自身的发展，更影响着国家的利益。供应链金融就能帮助企业拓宽盈利渠道，打造一个闭环的金融生态圈。

2015年3月18日新希望集团上线了"希望金融"，致力于为三农企业提供了一个供应链金融平台。其凭借农牧产业链积累的30年资源优势，为个人和小微企业开辟出了新的融资道路，将高效率、低成本、安全的服务融入了企业的上下游，能够有效帮助企业解决融资成本高、效率低、借贷信息不对称等一系列问题。农村互联网金融是希望金融唯一提供服务的领域，主要为农村个人和小微企业提供服务，以用户为先的理念备受客户欢迎。

目前的很多平台都建有风险准备金托管机制，一旦出现坏账或逾期现象，就可以将这部分资金提取出来垫付给投资人，保障投资人的资金安全。由于这部分托管资金是从投资人收益中提计积累产生的，因此存在"网贷资金池"的嫌疑，而希望金融的模式则不同，在希望金融的平台上不存在这样的资金池，其真正做到了全程托管资金，这在P2P网贷行业中是很少见的。

☆多流合一：供应链金融的未来

要形成结构完善的供应链金融，其中最关键的一步是实现"四流"的协调统一，这"四流"包括货物流通、货物形态、资金流通和信息流通。

货物流通，指的是货物从卖家到买家之间的运送过程，主要包括的环节有：货物运送信息、仓储、运输、装卸、流通加工等。

货物形态，指的是货物在运输过程中的形态变化，即由实物向资金转化或由资金向实物转化，主要包括：引导和协助经销商，开拓分销渠道，对产品进行操作，为上下游沟通建立桥梁。

资金流通，指的是从买家到卖家之间的资金流动过程。资金流通是否顺畅，直接关系到买卖双方的利益，因此建立完善的资金流平台十分关键。

信息流通，在货物和资金进行流通的过程中，信息也是必不可少的，订货单、仓储记录、交易记录、发票、确认函等相关数据都属于信息流通。

货物流通、货物形态、资金流通和信息流通这"四流"共同形成了供应链金融的基础。其中，信息流和资金流是更重要的组成部分，可以帮助上下游企业实现更便捷的货物和服务往来。

随着市场的不断创新和全球化趋势的加强及更多贸易机会的产生，整个产业链的重点已经从过去的物流转向了资金流。因此，管理好资金流是企业参与供应链金融应该重点关注的方面。

1. 从全局掌握供应链的每个环节

从全局掌握整个供应链，能够帮助企业及时地解决各环节上出现的问题，从而保证整个供应链的顺畅。

很多时候，供应链问题的出现并不是因为采购商货款不到位，而是因为供应商因为资金短缺或紧张的缘故导致货物短缺。下游采购商只有和上游供应商建立通畅的信息流通，才能有效避免各种原因导致的供应链中断问题，企业应该实时关注物流和资金流的动向。

2. 用金融产品帮助供应链实现更好管理

如今，越来越多的新兴市场的出现催生了更多的金融产品，企业面临的风险也就更大、更多了，很多市场交易都出现了赊账的情况。为了应对这种情况，参与企业就要适时察觉潜在的风险，积极提高供应链效率。

投资顾问机构在一项报告中指出银行提供的面向供应链的一些金融产品，能够有效加强供应链的管理效率。但是，由于银行和企业之间存在断层，银行不了解企业资金的运营和管理情况，由银行开展单独融资服务需要面临很大的风险，而企业也无法在银行找到符合自己资金状况的金融产品。供应链金融则能够很好地改善这种局面。

供应链金融通过核心企业将产业链中上下游的企业和银行共同锁定在一个封闭的金融链条中，彼此之间的结合更紧密。如此，银行就可以掌握更多的企业资金信息，通过核心企业的信誉保障降低服务风险；企业也可以通过银行整合物流、资金流、信息流。上游企业收到货款的同时可以及时跟进物流，这样就可以大大提升运转效率，也使整个产业链的价值得到提升。

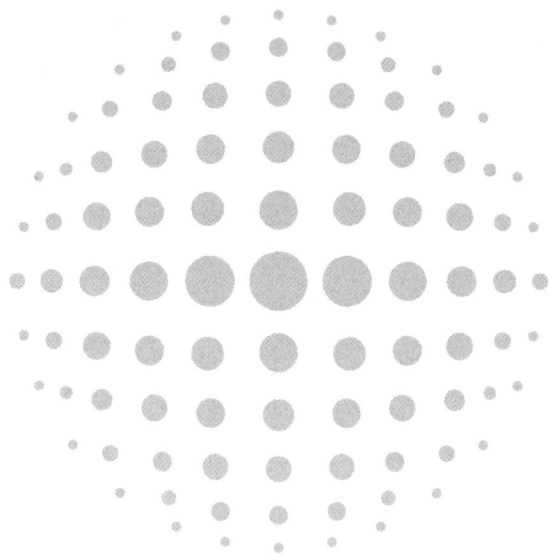

第五章
从产融结合到产融双驱
——企业的资本化扩张路径

◇产融结合的本质

◇是"由产到融"还是"由融到产"

◇过度金融化的历史教训

◇产融结合必须注意的六大问题

◇建立产融结合生态圈

☆产融结合的本质

从本质上来说，产融结合就是不断追求价值增值。近年来，我国的一些大型企业都在积极探索产融结合之路，积累下了很多具有代表性的实践案例。下面就以海尔为例，分析一下现阶段我国大型企业在产融结合过程中的经验和教训。

阶段一：前期探索（2000年前）

海尔刚开始踏入金融领域时也算是形势所迫。20世纪90年代，国内家电行业竞争激烈，大打价格战，各家电生产企业的业绩随着产品价格的下调而逐渐下滑。作为中国家电领跑者，海尔决定借鉴美国通用的方法，另辟蹊径，从行业混战中突围出去，海尔一脚便踏入了金融界。

海尔虽然勇敢地迈出了第一步，但这条道路并不平坦，摆在面前的第一道坎就是——政策限制。1996年,青岛市商业银行成立,这是一家由21家城市信用社连同地方财政、地方企业和居民共同投资入股的银行。早在20世纪90年代初,海尔就曾想仿照这一模式成立自己的金融机构,但仅牌照申请就要花费大量的时间并受到政策等多方面的限制。

阶段二:构建框架(2000~2005年)

2000年金融监管政策放松,海尔的机会来了。2001年,海尔首席执行官张瑞敏对外宣布了海尔未来发展的三大重要战略部署。其中,将海尔发展成产融结合的跨国集团并实现跨行业协同,成了海尔最重要的战略决策。

为构建完整的产融结合框架,2001年7月海尔实行股权分散,成功地对青岛银行实现了控股;同年9月,虽然证券业局面萧条,但海尔毅然入股长江证券;12月,海尔名下的保险代理公司正式成立。之后,海尔继续发力。2002年9月,海尔投资5亿元人民币成立了自己的财务公司;同年12月,和美国纽约人寿达成合作意向,合资成立海尔纽约人寿。

在不到两年的时间里,海尔的这些大动作全部一气呵成。整个金融构架涉及保险、银行、证券、信托,全部挂牌经营。看起来,这个阶段的海尔是百花齐放、全面撒网,可是种子撒了不少,效果却并不尽如人意。主要原因如下:一是海尔名下的所有金融产业规模都不大,赢利比较少。二是海尔初涉金融行业就将触角伸到了保险、银行、证券等多个领域,网撒得大,管控力受限。三是海尔自身并没有专业的金融管理人才,公司虽然建立起来,但缺少相关管理投资风险的人才。四是海尔对自己的实力过于自信，随着扩张速度的加快，资金缺口不断变大。

阶段三：高速发展（2005年至今）

2005年中国股市复苏，海尔的金融业成绩单也随着股市一路飘红。2002年，海尔曾用4.7亿元购得长江证券20%的股权。到了2007年，其市值已经达到50亿元左右；2002年成立的海尔财务公司当时注册资本只有5亿元，到2008年底总资产翻了20多倍。

同时，青岛商业银行在2008年顺利实现了增资扩股，众多境外投资者纷纷与海尔展开战略合作，比如，洛希尔金融控股有限公司（RCH）、意大利联合圣保罗银行（ISP）等，注册资本从11亿元飙升至34亿元；同时，青岛商业银行开始实行国际化改造，为上市做准备。

此外，成立于2002年的海尔纽约人寿（2012年5月，海尔保险获批更名为北大方正人寿）也不甘示弱，在2009年积极扩充国内市场，陆续在江苏、湖北、四川和山东建立分支机构，实施了占领沿海沿江的弓形发展战略。

2010年以后，海尔集团与惠普公司、南洋百货等国内外多家公司达成合作意向，同年，张瑞敏还去美国与世界顶级管理大师迈克尔·波特和加里·哈默就海尔的"人单合一"的双赢模式进行了沟通，他们对于张瑞敏超前的思维非常认可，给出了很高的评价。

2014年12月，海尔集团联合其他四家企业一起成立了海尔消费金融，这四家企业分别是：海尔财务、红星美凯龙、绿城电商和中国创新支付。2015年临近春节，为了赢得消费者的青睐，海尔消费金融和海尔产业线一起推出了"零元购"消费贷款,包括零手续费、零利息、零首付等内容,投入资金多达30亿元,吸引了很多打算购买新家电的消费者。

从整个发展历程来看,到目前为止,海尔的金融业之所以能够取得进步,主要就在于旗下金融子公司的收益。但是,海尔的金融产业链协同效应却没有突出体现出来,内部也没有发展出多元经营的格局。因此,海尔的产融之路还很长,今后只有将"产业资本"和"金融资本"真正地结合起来,才能产生强劲的竞争优势。

产业和金融资本相融合,不仅会最大限度地给企业带来所需的社会资源,还能加快财富的聚集速度,推动企业发展壮大,促进社会财富的增长。由此可见,产融结合不仅仅是形式上的合作,更需要企业全面掌控金融机构,只有将金融机构纳入自己的内部资本市场,由企业配置资本,才能掌握主导权,才能有效降低企业的金融交易成本,提高资金使用率。

☆是"由产到融"还是"由融到产"

产融结合的基本路径包括两大类：一类是"由产到融"，一类是"由融到产"。在我国，由于政策限制，基本上采用的都是"由产到融"的模式：如果企业资本雄厚，会将部分产业资本投入金融行业，形成自己的金融核心。

国外的金融市场较为宽松，很多金融机构采用的都是"由融到产"的转变模式：金融机构不是单纯地入股，而是有意识地利用金融资本控制实业资本，并获得回报。在国外，通常只要是走入"由融到产"行列的金融机构都会将资本投入长线产业和资本流通量巨大的产业。

1．由产到融

目前我国很多大型集团企业都纷纷进入金融领域，以产融结合模式起家的企业有中信集团、招商局集团、中粮集团、中石油集团、国家电网集团、中国移动等。这些企业都是采取"由产到融"的产融结合模式，将产业资本投向金融领域。一些民营上市公司也毫不示弱，海尔集团、联想集团、希望集团、雅戈尔等也纷纷争相申请金融牌照。

由产到融的模式能给企业带来很好的发展前景。企业要想做大做强，可以采用这种方式。一旦企业能真正做好产业资本和金融资本的融合，不但能成倍提高资金使用率，还能节省外部金融交易成本，迅速积累收益和资本，实现资金和资本的共同增长，将企业的价值链延伸到更远，提高企业的在竞争优势。

2. 由融到产

产融结合不是单行道，实业企业可以利用金融资本，金融企业同样也可以通过实业开拓新路子、实现新价值。从实业到金融可能是一个不经意的过程，但从金融业转投实业则必须有自觉性。

金融企业通常要经过多方对比，才能选择出合适的产业领域。能够实现"由融到产"的企业其实力一般都比较厚实，既要接触很多行业企业，又要掌握行业成功的关键并做出投融资判断。在这方面，德意志商业银行就是一个非常值得学习的例子。

德国的几大汽车品牌奔驰、奥迪、大众还有电子电气巨头西门子的大部分股份都掌握在德意志商业银行手中。不仅如此，德意志商业银行还与欧洲最大的咨询公司——罗兰贝格有着密切的关系。德意志商业银行为何能够做到这一点呢？因为其不仅拥有令人望尘莫及的商业资本，还拥有大量的信息资本和人才资本。这些都是德意志商业银行实现由融到产的重要因素。

总之，两种方式各具特点，企业究竟是选择"由产到融"的方式还是使用"由融到产"的方式需要具体问题具体对待，只有选择了适合自己的方式，实业和金融企业才能共同健康发展。

☆过度金融化的历史教训

2011年，一场高利贷旋风席卷温州民企，很多经营多年的民营企业一夜之间毁于一旦。无法重建断裂的资金链使很多民营企业家不得不"跑路"。相关的信息和新闻在网络中蔓延开来。这种局面无法不使人深省原因。

由此一个问题摆在了人们面前：传统制造业地位越来越低，人人都去追逐金融业，最终会出现什么结果？我国的大中企业很多，不加管制地放任它们将产业资本转投金融行业，大量资金就会流入股票、债券、基金的资金中去，就会给产业造成巨大的空洞，去工业化的同时金融行业的投机性和食利阶层会不断膨胀，如此不加控制或放任下去，必然会影响国家实体经济的发展。

英国和美国就是金融服务业为经济支柱的发达国家，它们给我们做出了反面示范：愤怒的失业者、低收入者走上街头抗议，企业和民众、民众和政府、政府和企业彼此间的裂隙越来越深。如果国内的投机活动肆意泛滥而一蹶不振，产业经济因缺失资金支持，前景定然堪忧。

往回看五百年，放眼全球，发达国家在金融业的指导下确实走向了巅峰，但制造业企业却在低迷、衰落甚至消亡。随着社会财富的集中和海外投资的兴盛以及贫富差距的拉大，国力衰退者必然会被新兴的挑战者们所超越。

在哥伦布成功登陆新大陆后，西班牙仅用了短短的几十年时间就从墨西哥和南美搜刮了巨额财富，西班牙也因此坐上了当时世界第一大强国的宝座。但大量贵金属的出现却将西班牙的金融业搞得过于活跃，物价不断提高，人们整天忙于借贷、买卖债券和收藏珍贵艺术品，不再关注和制造业有关的活动，相关产业随之走向没落。

18世纪初的荷兰，机械制造、造船、纺织、制糖业等都是繁荣产业。但从18世纪30年代开始，荷兰便将主要精力放在了金融领域，制造和贸易行业的收入直线下降。18世纪中期，在荷兰不管是政治家还是公司董事，都以购买股票、债券、国外基金等为荣。在金融业的不断冲击下，荷兰的工商业在18世纪50年代全面陷入困境，失业人口大量增加，贫富两极分化，荷兰也由繁荣走向衰落。

从工业革命时期开始，英国就走在了历史发展的前沿，成为全球的工商业中心。但是进入19世纪80年代后，金融、证券、保险和银行，点燃了英国人的热情。人们急切地将资金投入这些领域，不断地对外输出资本，就连一些贵族和铁路企业高层也都纷纷放弃在工业企业任职的机会，进入金融企业。至1913年，英国69%的财富都掌握在仅有的1%的人手中，这些金融家、贸易大咖代替原来的工业企业老板，成为英国最富有的人。1914年，40亿英镑的对外投资让伦敦由过去的工业中心脱胎为全球范围内的金融中心，同时传统工业走向衰落。大量的资金及技术随着金融活动流向国外，英国国内的基础工业产业很难升级换代，且越发衰弱。

在20世纪80年代，美国也嗅到了金融业带来的金钱味道，于是提出了"金融立国"战略，走上了玩转"金钱游戏"的道路。1995年，制造业被迫让出美国国民收入和GDP贡献王的桂冠，房地产、保险、金融等占据了美国经济高地。同年11月，美国银行存款总额首次被共同基金资产额超越，个人财富的26%都投入到了证券市场，个人金融资产有50%是股票。1997年时，美国整个国家净资产的73.2%都集中在10%的最富裕家庭手中；2008年，金融业利润已占全美利润总额的40%。财富的过分集中给美国带来了大量的负面影响，以至于直到今天，"金融危机"带来的影响依然在美国社会和经济中发酵，要完全摆脱过于追还金融繁荣带来的魔咒很难。

不管世界风云如何变幻，从不乏站在漩涡之外理性地看清事实真相并勇敢做出批评的人。约瑟夫·张伯伦在20世纪初就提醒英国政府："金融业过度发展将会使英国两极分化更加严重，而且不能够自给自足。总之，国家会变得'富有而脆弱'。"可是，在强大的利益驱动下，人们依然无法停止对货币本性的扭曲，依然在狂热地复制着这一过程：产业经济被过度金融化推向高峰，再跌向谷底，继而被后来者超越。

在工业高速发展阶段，如今我国的贸易出口已经处于世界第一的位置，生存状况日趋艰难的中小私营企业纷纷调转船头，致力于投机性炒作，这是很危险的。即使不能马上拉住缰绳，也应该把金融业放在辅助生产的位置上，让金融业起到丰富、活跃产业的作用。总之，不管到什么时候，在产融结合过程中过度强调"融"而"去工业化"都是非常危险的。

☆产融结合必须注意的六大问题

企业在实施产融结合策略时，需要注意的问题主要有六种：

问题一：思维观念的更新

要想提高产融结合的效果，首先就要转变观念。固守旧有的观念，是不利于开展产融结合的；抱着旧有的思想，产融结合的效果也不会很明显。

问题二：金融牌照申办

金融牌照的申办是产融结合的有利条件，因此一定要重视这个问题。下面，我们就来介绍一下主要金融牌照的申请条件、审批机构、法律依据和注册资本要求等。

1. 银监会审批的金融牌照

（1）银行牌照

根据银监会公布的信息，截至2014年10月我国共有商业银行773家、政策性银行2家、农村合作银行108家、农村信用合作社399家、村镇银行1105家。

审批机关：设立商业银行，要经国务院银行业监督管理机构的审查批准。

法律依据：《中华人民共和国商业银行法》《中资商业银行行政许可事项实施办法》。

申请条件：设立商业银行应当具备下列条件：符合本法和《中华人民共和国公司法》规定的章程；符合本法规定的注册资本最低限额；具备任职专业知识和业务工作经验的董事、高级管理人员；有健全的组织机构和管理制度；具备符合要求的营业场所、安全防范措施和与业务有关的其他设施。此外，设立商业银行，还要符合其他审慎性条件。

注册资本要求：设立全国性商业银行的注册资本最低限额为10亿元人民币，设立城市商业银行的注册资本最低限额为1亿元人民币，设立农村商业银行的注册资本最低限额为5000万元人民币。注册资本应当为实缴资本。

（2）信托牌照

拥有信托牌照可以从事的业务包括各类信托业务、作为投资基金或者基金管理公司发 起人从事投资基金业务等。根据银监会公布的信息显示，我国目前共有71家信托公司，最早批准成立的日期为1984年，目前，银监会已暂停发放信托牌照，获得信托牌照的最实惠方法是：收购小型信托公司，获得牌照价值。

审批机关：设立信托公司，应当经中国银行业监督管理委员会批准，并领取金融许可证。

法律依据：《信托公司管理办法》（银监会令〔2007〕第2号）、《中国银行业监督管理委员会非银行金融机构行政许可事项实施办法》

（银监会令〔2007〕第13号）。

申请条件：设立信托公司应当具备下列条件：有符合《中华人民共和国公司法》和中国银行业监督管理委员会规定的公司章程；有具备中国银行业监督管理委员会规定的入股资格的股东；具有本办法规定的最低限额的注册资本；有具备中国银行业监督管理委员会规定任职资格的董事、高级管理人员和与其业务相适应的信托从业人员；具有健全的组织机构、信托业务操作规程和风险控制制度；有符合要求的营业场所、安全防范措施和与业务有关的其他设施；中国银行业监督管理委员会规定的其他条件。

注册资本要求：信托公司注册资本最低限额为3亿元人民币或等值的可自由兑换货币，注册资本为实缴货币资本。申请经营企业年金基金、证券承销、资产证券化等业务，应当符合相关法律法规规定的最低注册资本要求。

（3）金融租赁牌照：根据银监会公布的信息，截至2014年10月我国共有26家金融租赁公司，最早批准成立的时间为1986年12月。

拥有该牌照的公司可以经营下列部分或全部本外币业务：融资租赁业务；吸收股东1年期（含）以上定期存款；接受承租人的租赁保证金；向商业银行转让应收租赁款；经批准发行金融债券；同业拆借；向金融机构借款；境外外汇借款；租赁物品残值变卖及处理业务；经济咨询；中国银行业监督管理委员会批准的其他业务。

审批机关：设立金融租赁公司，应由主要出资人作为申请人向中国银行业监督管理委员会提出申请。

法律依据：《金融租赁公司管理办法》（银监会令〔2007〕第1号）。

申请条件：申请设立金融租赁公司应当具备以下条件：有符合《中华人民共和国公司法》和银监会规定的公司章程；有符合规定条件的发起人；注册资本为一次性实缴货币资本，最低限额为1亿元人民币或等值的可自由兑换货币；有符合任职资格条件的董事、高级管理人员，从业人员中具有金融或融资租赁工作经历3年以上的人员应当不低于总人数的50%；建立了有效的公司治理、内部控制和风险管理体系；建立了与业务经营和监管要求相适应的信息科技架构，具有支撑业务经营的必要、安全、合规的信息系统，具备保障业务持续运营的技术与措施；有与业务经营相适应的营业场所、安全防范措施和其他设施；银监会规定的其他审慎性条件。

注册资本要求：注册资本为一次性实缴货币资本，最低限额为1亿元人民币或等值的可自由兑换货币。

（4）货币经纪牌照

根据银监会公布的数据显示，截至2014年10月全国共有5家货币经纪公司，最早批准成立的日期为2005年12月。

审批机关：筹建货币经纪公司，应由投资比例最大的出资人作为申请人向拟设地银监局提交申请，由银监局受理并初步审查、银监会审查并决定。银监会自收到完整申请材料之日起4个月内做出批准或不批准的书面决定。

法律依据：《中国银行业监督管理委员会非银行金融机构行政许可事项实施办法》（银监会令2007年第13号）。

申请条件：设立货币经纪公司法人机构应当具备以下条件：有符合《中华人民共和国公司法》和银监会规定的公司章程；有符合规定条件的出资人；注册资本为一次性实缴货币资本，最低限额为2000万元人民币或者等值的可自由兑换货币；有符合任职资格条件的董事和高级管理人员；从业人员中应有60%以上从事过金融工作或相关经济工作；有健全的组织机构、管理制度和风险控制制度；有与业务经营相适应的营业场所、安全防范措施和其他设施；银监会规定的其他审慎性条件。

注册资本要求：注册资本为一次性实缴货币资本，最低限额为2000万元人民币或者等值的可自由兑换货币。

（5）贷款公司牌照：贷款公司是指经中国银行业监督管理委员会依据有关法律、法规批准，由境内商业银行或农村合作银行在农村地区设立的专门为县域农民、农业和农村经济发展提供贷款服务的非银行业金融机构。贷款公司是由境内商业银行或农村合作银行全额出资的有限责任公司。根据银监会公布的信息显示，截至2014年10月我国共有14家贷款公司，最早批准日期为2007年2月。

审批机关：贷款公司的筹建申请，由银监分局或所在城市银监局受理，银监局审查并决定。贷款公司的开业申请，由银监分局或所在城市银监局受理、审查并决定。

法律依据：《贷款公司管理暂行规定》。

申请条件：设立贷款公司应当符合下列条件：有符合规定的章程；注册资本不低于50万元人民币，为实收货币资本，由投资人一次足额缴纳；有具备任职专业知识和业务工作经验的高级管理人员；有具备相应专业知识和从业经验的工作人员；有必需的组织机构和管理制度；有符合要求的营业场所、安全防范措施和与业务有关的其他设施；中国银行业监督管理委员会规定的其他条件。

注册资本要求：注册资本不低于50万元人民币，为实收货币资本，由投资人一次足额缴纳。

2. 由中国人民银行审批的金融牌照

由中国人民银行审批的支付业务许可证即第三方支付牌照，第三方支付牌照有三类，分别是：网络支付、预付卡的发行与受理、银行卡收单。

第一批六张全国性的预付卡分别在六家公司手里：北京商服通网络科技有限公司、开联通网络技术有限公司、裕福网络科技有限公司、渤海易生商务有限公司（现改名为易生支付有限公司）、海南新生信息技术有限公司和深圳壹卡会科技服务有限公司。之后，再也没有发放过全国性的预付卡牌照。因此，这六张预付卡牌照也就成了珍贵的"绝版"资源。

支付业务许可证于2011年5月开始发放，截至2014年10月6日已有269家非金融机构获得该许可，如支付宝、财付通。

审批机关：非金融机构提供支付服务应当依据2016年6月21日中国人民银行公布的《非金融机构支付服务管理办法》规定取得《支付业务许

可证》，成为第三方支付机构。中国人民银行负责《支付业务许可证》的颁发和管理。

法律依据：《非金融机构支付服务管理办法》（中国人民银行令〔2010〕第2号）。

申请条件：《支付业务许可证》的申请人应当具备下列条件：在中华人民共和国境内依法设立的有限责任公司或股份有限公司，且为非金融机构法人；有符合本办法规定的注册资本最低限额；有符合本办法规定的出资人；有5名以上熟悉支付业务的高级管理人员；有符合要求的反洗钱措施；有符合要求的支付业务设施；有健全的组织机构、内部控制制度和风险管理措施；有符合要求的营业场所和安全保障措施；申请人及其高级管理人员最近3年内未因利用支付业务实施违法犯罪活动或为违法犯罪活动办理支付业务等受过处罚。

注册资本要求：央行要求在全国范围内开展支付服务的企业，注册资本最低为1亿元人民币；拟在省级范围内从事支付业务的，注册资本最低要3000万元人民币。

3. 证监会审批的金融牌照

（1）基金销售牌照

基金销售牌照是从事证券投资基金销售所需要的金融许可。证券投资基金销售主要包括：基金销售机构的宣传推介基金、发售基金份额、办理基金份额申购赎回等活动。在国内，基金销售机构主要包括：银行、基金、证券等。其中，银行是最大的渠道，占到50%以上。

2012年，中国人民银行开始向第三方理财机构开放基金牌照申请，也就是说，除了银行、基金和证券，原本从事私募或信托产品销售的第三方理财公司也可以从事证券投资基金销售了，即通过证券投资基金代销的方式销售基金产品。目前第三方理财机构采取的方式是和基金公司合作代销。

根据证监会《公开募集基金销售机构名录》（2014年8月），该牌照于2001年开始发放，目前共发放了248家。其中，商业银行98家、证券公司98家、期货公司3家、保险公司3家、证券投资咨询机构6家、独立基金销售机构40家。

审批机关：商业银行（含在华外资法人银行，下同）、证券公司、期货公司、保险机构、证券投资咨询机构、独立基金销售机构，以及中国证监会认定的其他机构从事基金销售业务的，应向工商注册登记所在地的中国证监会派出机构进行注册并取得相应资格。

法律依据：《证券投资资金销售管理办法》。

申请条件：商业银行、证券公司、期货公司、保险机构、证券投资咨询机构、独立基金销售机构以及中国证监会认定的其他机构申请注册基金销售业务资格，应当具备下列条件：具有健全的治理结构、完善的内部控制和风险管理制度，并得到有效执行；财务状况良好，运作规范稳定；有与基金销售业务相适应的营业场所、安全防范设施和其他设施；有安全、高效的办理基金发售、申购和赎回等业务的技术设施，符合中国证监会对基金销售业务信息管理平台的有关要求，基金销售业务的技术系统已与基金管理人、中国证券登记结算公司相应的技术系统进行了联网测试，测试结果符合国家规定的标准；制定了完善的资金清算流程，资金管理符合中国证监会对基金销售结算资金管理的有关要求；有评价基金投资人风险承受能力和基金产品风险等级的方法体系；制定了完善的业务流程、销售人员执业操守、应急处理措施等基金销售业务管理制度，符合中国证监会对基金销售机构内部控制的有关要求；有符合法律法规要求的反洗钱内部控制制度；中国证监会规定的其他条件。

（2）基金销售支付牌照

该牌照是针对支付企业发放的许可，指非金融机构在收付款人之间作为中介机构提供的货币资金转移服务。基金销售机构可以选择商业银行或者支付机构从事基金销售支付结算业务。投资者通过直销方式认购、申购基金时可以借助拥有该牌照的第三方支付工具而非银行支付款项。针对客户而言最直接的好处是认购、申购费率的折扣更低。

根据证监会《公开募集基金销售支付结算机构名录》（2014年8月），为公开募集基金销售机构提供支付结算服务的第三方支付机构共有22家，首次发放时间为2010年5月。苏宁易付宝、汇付天下、通联支付、银联电子、支付宝、平安付都属于此列。

审批机关：中国证券监督管理委员会。

法律依据：《证券投资基金销售管理办法》。

申请条件：基金销售机构应当选择具备下列条件的商业银行或者支付机构从事基金销售支付结算业务：有安全、高效的办理支付结算业务的信息系统。该信息系统应当具有合法的知识产权，且与合作机构及监管机构完成联网测试，测试结果符合国家规定标准；制订了有效的风险控制制度；中国证监会规定的其他条件。从事基金销售支付结算业务的支付机构除应当具备上述规定的条件外，还应当取得中国人民银行颁发的《支付业务许可证》，且公司基金销售支付结算业务账户应当与公司其他业务账户有效隔离。

（3）券商牌照

券商牌照即经营证券业务许可证，包括：证券承销与保荐、经纪、自营、直投、证券投资活动、证券资产管理及融资融券等，券商综合牌照至今已停发16年。目前有消息称，证监会有意放开专业券商牌照（即小券商牌照），涵盖并购财务顾问、资产管理、自营和投资顾问等。

根据证监会《证券公司名录》，截至2012年4月30日共有111家证券公司。

审批机关：设立证券公司，必须经国务院证券监督管理机构审查批准。

法律依据：《证券法》《证券公司监督管理条例》。

申请条件：设立证券公司，应当具备下列条件：有符合法律、行政法规规定的公司章程；主要股东具有持续盈利能力，信誉良好，最近3年无重大违法违规记录，净资产不低于人民币2亿元；有符合本法规定的注册资本；董事、监事、高级管理人员具备任职资格，从业人员具有证券从业资格；有完善的风险管理与内部控制制度；有合格的经营场所和业务设施；法律、行政法规规定的和经国务院批准的国务院证券监督管理机构规定的其他条件。

证券公司的股东应当用货币或者证券公司经营必需的非货币财产出资。证券公司股东的非货币财产出资总额不得超过证券公司注册资本的30%。

证券公司股东的出资，应当经具有证券、期货相关业务资格的会计师事务所验资并出具证明；出资中的非货币财产，应当经具有证券相关业务资格的资产评估机构评估。

证券公司应当有3名以上在证券业担任高级管理人员满2年的高级管理人员。

证券公司设立时，其业务范围应当与其财务状况、内部控制制度、合规制度和人力资源状况相适应。

注册资本要求：证券公司从事证券经纪、证券投资咨询、与证券交易及投资有关的财务顾问活动时，最低注册资本是5000万元。从事证券承销与保荐、证券自营、证券资产管理中的一项时，最低注册资本是1亿元，两项或两项以上时最低注册资本是5亿元。

（4）公募基金牌照

拥有该项金融业务许可的证券或基金公司可以通过公开募集的方式设立证券投资基金并销售。证券投资基金是指通过公开发售基金份额募集资金，由基金托管人托管，由基金管理人管理和运作资金，为基金份额持有人的利益，以资产组合方式进行证券投资的一种利益共享、风险共担的集合投资方式。

根据证监会《基金管理公司名录》（2014年8月），目前共有95家基金管理公司。1998年3月27日，基金金泰、基金开元成立，拉开了我国公募基金发展的序幕。

2013年8月29日，东方证券资产管理有限公司从中国证监会领取公开募集证券投资基金管理业务资格的牌照，成为首家获得该资格的券商。

审批机关：国务院证券监督管理机构。

法律依据：《证券投资基金法》《证券投资基金管理公司管理办法》《资产管理机构开展公募证券投资基金管理业务暂行规定》。

申请条件：基金管理公司和符合条件的资产管理机构经批准可开展公募基金业务。

设立基金管理公司应当具备下列条件：股东符合《证券投资基金法》和本办法的规定；有符合《证券投资基金法》《公司法》及中国证监会规定的章程；注册资本不低于1亿元人民币，且股东必须以货币资金实缴，境外股东应当以可自由兑换货币出资；有符合法律、行政法规和中国证监会规定的拟任高级管理人员以及从事研究、投资、估值、营销等业务的人员拟任高级管理人员、业务人员不少于15人，并应当取得基金从业资格；有符合要求的营业场所、安全防范设施和与业务有关的其他设施；设置了分工合理、职责清晰的组织机构和工作岗位；有符合中国证监会规定的监察稽核、风险控制等内部监控制度；经国务院批准的中国证监会规定的其他条件。一家机构或者受同一实际控制人控制的多家机构参股基金管理公司的数量不得超过2家，其中控股基金管理公司的数量不得超过1家。

申请开展基金管理业务的资产管理机构应当符合下列条件：具有3年以上证券资产管理经验，最近3年管理的证券类产品业绩良好；公司治理完善，内部控制健全，风险管理有效；最近3年经营状况良好，财务稳健；诚信合规，最近3年在监管部门无重大违法违规记录，没有因违法违规行为正在被监管部门调查，或者正处于整改期间；为基金业协会会员；中国证监会规定的其他条件。

注册资本要求：基金管理公司注册资本不低于1亿元人民币，且股东必须以货币资金实缴，境外股东应当以可自由兑换货币出资；资产管理机构实缴资本或者实际缴付出资不低于1000万元。

（5）基金子公司牌照

基金子公司是指依照《公司法》设立，由基金管理公司控股，经营特定客户资产管理、基金销售以及中国证监会许可的其他业务的有限责任公司。投资标的包含传统的股票市场、债券市场和期货市场，各类直投项目，利率、汇率、金融衍生品，以及未来一切可以实施资产证券化的标的。从目前的法律规定来看，基金子公司有很大的业务优势，体现在监管环境相对宽松、开展业务具有成本优势、具有流动性优势等方面。

根据证监会《基金管理公司从事特定客户资产管理业务子公司名录》（2014年3月），目前共有67家从事特定客户资产管理业务的基金子公司，最早批复的时间为2012年11月。

审批机关：中国证监会。

法律依据：《证券投资基金管理公司子公司管理暂行规定》。

申请条件：参股子公司的其他投资者应当具备下列条件：在技术合作、管理服务、人员培训或者营销渠道等方面具备较强优势；有助于子公司健全治理结构、提高竞争能力、促进子公司持续规范发展；最近3年没有因违法违规行为受到重大行政处罚或者刑事处罚；没有因违法违规行为正在被监管机构调查，或者正处于整改期间；具有良好的社会信誉，最近3年在金融监管、税务、工商等部门以及自律管理、商业银行等机构无重大不良记录；中国证监会规定的其他条件。

注册资本要求：基金管理公司设立子公司应当以自有资金出资。子公司的注册资本应当不低于2000万元人民币。

（6）期货牌照

如今，收购期货公司的案例不断增多，尤其是来自证券和信托公司的收购。目前，国内市场拥有全牌照的金融集团逐渐形成，而期货依然是一块不可缺少的牌照，其价值也多体现在渠道或通道价值。

2010年4月28日，国元证券发布公告称，公司同意以海勤期货2009年12月31日（基准日）经评估的价值15000万元为基础，溢价6663.57万元，以22163.57万元受让海勤期货全部股权。资料显示，截至2009年末海勤期货净资产为10075.94万元，转让价接近2.2倍市净率（每股股价与每股净资产的比率）。国元证券以1.2亿元收购该张金融期货牌照。

根据证监会《全国期货公司名录》，全国共有161家期货公司，该牌照目前已暂停发放。

审批机关：设立期货公司，应当经国务院期货监督管理机构批准，并在公司登记机关登记注册。

法律依据：《期货交易管理条例》《期货公司管理办法》。

申请条件：申请设立期货公司应当符合《中华人民共和国公司法》的规定，并具备下列条件：注册资本最低限额为人民币3000万元；董事、监事、高级管理人员具备任职资格，从业人员具有期货从业资格；有符合法律、行政法规规定的公司章程；主要股东以及实际控制人具有持续盈利能力，信誉良好，最近3年无重大违法违规记录；有合格的经营场所和业务设施；有健全的风险管理和内部控制制度；国务院期货监督管理机构规定的其他条件。

注册资本要求：注册资本最低限额为人民币3000万元，注册资本应当是实缴资本。股东应当以货币或者期货公司经营必需的非货币财产出资，货币出资比例不得低于85%。

4. 保监会审批的金融牌照

（1）保险牌照

拥有此牌照后可以承保人民币和外币的各种财产保险、责任保险、信用保险、农业保险、人身保险等保险业务；办理各种国内、国际再保险业务和法定保险业务；与国外保险及其有关机构建立代理关系和业务往来关系，代理外国保险机构办对损失的鉴定和理赔等业务及其委托的其他有关事宜。目前已发放约135张保险牌照。

统计数据显示，截至2014年4月已经开展业务的人身保险公司（含健康险和养老险公司）71家，财产险公司64家，合计135家。

审批机关：设立保险公司应当经国务院保险监督管理机构批准。

法律依据：《中华人民共和国保险法》。

申请条件：设立保险公司应当具备下列条件：主要股东具有持续盈利能力，信誉良好，最近3年内无重大违法违规记录，净资产不低于人民币2亿元；有符合本法和《中华人民共和国公司法》规定的章程；有符合本法规定的注册资本；有具备任职专业知识和业务工作经验的董事、监事和高级管理人员；有健全的组织机构和管理制度；有符合要求的营业场所和与经营业务有关的其他设施；法律、行政法规和国务院保险监督管理机构规定的其他条件。

注册资本要求：保险公司注册资本的最低限额为人民币2亿元。保险公司的注册资本必须为实缴货币资本。国务院保险监督管理机构根据保险公司的业务范围、经营规模，可以调整其注册资本的最低限额，但不得低于本条第一款规定的限额。

（2）保险代理、保险经纪牌照

保险代理人是根据保险人的委托，向保险人收取佣金，并在保险人授权的范围内代为办理保险业务的机构或者个人。保险代理机构包括专门从事保险代理业务的保险专业代理机构和兼营保险代理业务的保险兼业代理机构。

保险经纪人是基于投保人的利益，为投保人与保险人订立保险合同提供中介服务，并依法收取佣金的机构。

审批机关：保险代理机构、保险经纪人应当具备国务院保险监督管理机构规定的条件，取得保险监督管理机构颁发的经营保险代理业务许可证、保险经纪业务许可证。

法律依据：《中华人民共和国保险法》。

申请条件：保险专业代理机构、保险经纪人的高级管理人员，应当品行良好，熟悉保险法律、行政法规，具有履行职责所需的经营管理能力，并在任职前取得保险监督管理机构核准的任职资格。

注册资本要求：保险专业代理机构、保险经纪人的注册资本或者出资额必须为实缴货币资本。以公司形式设立保险专业代理机构、保险经纪人，其注册资本最低限额适用《中华人民共和国公司法》的规定。国务院保险监督管理机构根据保险专业代理机构、保险经纪人的业务范围和经营规模，可以调整其注册资本的最低限额，但不得低于《中华人民共和国公司法》规定的限额。

5. 其他机关审批的金融牌照

典当牌照、融资性担保牌照、融资租赁牌照、私募基金牌照等。

问题三：行业壁垒

产融结合是产业和金融的结合，只有打破行业壁垒，才能成功进入。忽视了这一点，产融结合之路就会多出很多波折，效果也会大打折扣。

问题四：团队建设

任何战略的实施都离不开团队。因此，要想采用产融结合的模式，首先建立一支专业的产融结合团队。

问题五：金融业务与现有产业的结合

产融结合是企业和金融的结合，也就是企业产业和金融业务的结合。因此，一旦走上了产融结合之路，就要将金融业务和现有的产业有效结合起来。

问题六：产能过剩，可能产生泡沫经济

在企业经营过程中，任何一种合作都不能过度。如果生产的产品过多，或者设置的金融项目过多，都会给企业和金融业带来巨大的负累，有可能还会产生泡沫经济。

☆建立产融结合生态圈

构建多方共赢的平台网络圈

最高阶的平台之争一定是生态圈之间的竞争。价值网络的最高形态是商业生态系统。未来的商业竞争不再只是企业与企业之间的肉搏，而是平台与平台的竞争，甚至是生态圈与生态圈之间的战争，单一的平台是不具备系统性竞争力的。如今，BAT（百度、阿里、腾讯）三大互联网巨头已经围绕搜索、电商、社交等，各自构筑了强大的产业生态，其他企业是很难撼动三巨头地位的。

目前阿里巴巴的主要业务包含四方面：①阿里巴巴电子商务，包括了B2B业务、淘宝、天猫；②阿里金融；③放在阿里巴巴的数据业务；④在外面一起做的物流体系。每个业务模块都是一类平台，各平台相生互动，又形成一个庞大的电子商务生态，阿里巴巴就在运营一个生态系统。

构建平台是一种战略选择，构建平台生态圈更是一个大的战略布局。从构建平台到成就一个平台生态圈需要经历一个循序渐进的动态过程，互联网企业如此，传统商业亦如此。

万达广场就是一个平台生态圈。如果只是建设一片集住宅和购物中心为一体的楼盘，让住户与商家可以便利地交易，万达也仅只是个地产平台。但是，万达不仅给客户提供了这样一个地产平台，还通过联合招商等方式，对入驻万达购物中心的商家品质和品牌档次进行了有效控制，营造出了一种较高端的都市生态圈，提升了整个平台的定位，让住户得到了更好的生活体验，住宅地产销量大增。

罗马不是一天建成的，构建平台生态圈也是如此，平台生态圈都是由多种多样、错综交织的服务体系组成的大系统。例如：为了满足人类有群居和安全的需求，生态圈最早被修建在用围墙圈起来的城市上，我们将其称之为"罗马""京城""××生态城"等；为了满足人们日常消费购物的需求，生态圈被建立在特殊设计的大卖场或购物中心上，我们管它们叫"国美""沃尔玛""万达"；随着工业标准化生产方式的发展和信息处理与交通的需求爆发，这个系统被建立在了某个硬件厂商上，于是就有了"IBM""福特""丰田"等；由于信息技术的发展和多种功能软件应用的需求爆发，此系统出现在了软件公司上，这样就有了"微软""Linux""Android"等。

现在，随着互联网的发展和比价，社交、便利等需求爆发，此系统又被建立在互联网公司的服务器上，这样就有了"阿里巴巴""腾讯""淘宝""京东商城""携程""GOOGL""亚马孙"等。

可见，平台生态圈正在随着信息技术的发展，从实物状态向虚拟状态演进。唯一保持不变的是，所有的平台生态圈都是建立在"更好地满足当前时代的多方需求"的基础上的。只要把握当前时代的利益相关各方的需求和需求发展趋势，就能设计出更好的平台；抓住有更大价值的多方需求，平台就更有现实价值，并有机会把自己逐步打造成更有价值的平台生态圈。

那么，在互联网时代，在产融结合的过程中，企业该如何构建自己的平台生态圈？

1. 找到价值点，实现立足

只要做好诸多价值链的共性环节，做到相对高效，为一个或多个价值链提供更多的价值，就可以此为基础，建立一个适合自己的平台。

2. 建立核心优势，扩展平台

在平台的基础上，只有建立起一个自己容易复制、别人很难超越、边际成本极低或几乎为零的无形资产优势，才能增加平台的可扩展性，如：技术、品牌、管理系统、数据、用户习惯等。如此，才能在网络效应的推动下，无限放大平台迅速，实现更大的平台价值。

3. 衍生出更多的服务，构建生态圈

在已经建好的平台上，为价值链上的更多环节构建更多的高效辅助服务，就可以增强平台的黏性和竞争壁垒，最终形成平台生态圈。通过一个即时通信平台，不断地对用户需求进行细分和满足，就可以让用户越来越离不开你。这样，一个生态系统也就建成了。

4. 平台战略升级，巩固生态圈

平台生态系统的价值，是随着产业的发展而变化的。将平台生态系

统的功能向未来更有价值的价值链环节进行战略性转移和倾斜，是保持
和增强平台生态系统基业长青的关键。

由融到产，金融必须服务于实体经济

改革开放是推动金融发展的强大动力。虽然，我国"货币池子"里
的水虽然少，但向实体经济传导依然存在很多体制机制障碍，因此一味
地用大水漫灌是起不到作用的，只有提高金融调控和服务的有效性才能
使之服务于实体经济具体来说，"由融到产"可以这样做：

1. 形成多层次、广覆盖、差异化的金融机构体系。放宽金融行业准
入，加快发展中小金融机构和民营银行，鼓励互联网金融依托实体经济
规范有序发展。

2. 健全金融产品市场化定价机制，进一步推进利率市场化改革，
逐步完善人民币汇率形成机制，在合理均衡的水平上，保持汇率的基本
稳定。

3. 加强制度建设，积极培育公开透明、长期稳定健康发展的多层次
资本市场，规范发展区域股权交易市场，健全和完善债券市场格局，拓
宽直接融资渠道。

4. 推进保险业的创新发展，增强保险保障、资金融通和财富管理等
功能，运用保险投资基金扩大有效投资，更好地为经济发展服务。

5. 促进金融业更高水平的对外开放，有序推进人民币资本项目可
兑换，进一步放宽外资市场准入门槛，将自贸试验区作为金融双向开放

的试验平台，推广可复制经验；创新外汇储备使用方式，扩大"两优"贷款规模和使用范围，用多种方式为"一带一路"建设和国际产能合作提供全方位服务；维护金融稳健运行，有效防范和化解金融风险，引导和稳定社会预期；不断完善金融监管框架，加强协调，消除监管盲点，提高监管有效性；加快健全系统性风险监测评估防范体系和应急处置机制，严厉查处非法集资等违法违规行为；进一步完善金融机构激励约束机制，为核销呆坏账、查处逃废债等创造良好政策环境。

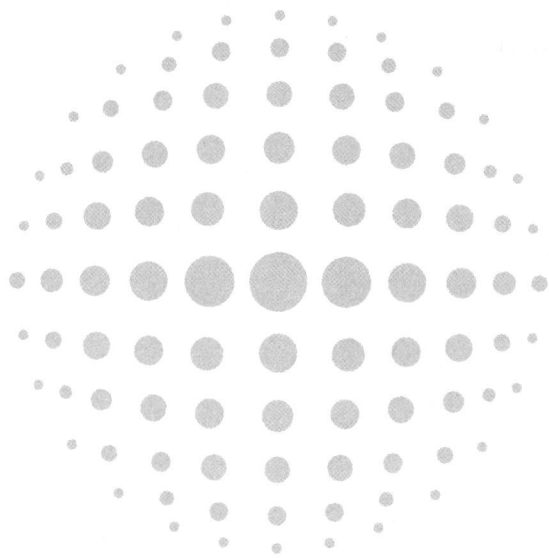

第六章

产融结合的未来趋势与风险防范

◇马里奥特：让证券激活固定资产

◇从海尔与纽约人寿解约谈起

◇产融结合过程应注意的五大风险

◇防范产融结合风险的四种措施

☆马里奥特：让证券激活固定资产

马里奥特（Marriott，也译为"万豪"）国际股份公司是一家国际性酒店公司，主要业务是经营管理直属的酒店和特许联营酒店。20世纪70年代前，马里奥特依靠大型连锁酒店的身份，利用债务融资方式修建了很多酒店，可是在石油危机到来后，银行的贷款利率突然暴涨，马里奥特的负债率陡增，公司现金流被束缚在固定资产上，资金链出现紧张。选择"由产到融"之路对马里奥特而言绝对是迫不得已。

为了获得足够多的流动资金，马里奥特公司进行了解构：一部分提供酒店管理业务，从中收取管理费，而不拥有任何酒店；另一部分将酒店的所有资产都汇集到一起，进行证券化投资，努力将固化的现金流释放、回笼。

通过这样的方式，不仅缓解了马里奥特当时的财务危机，也创造出
了新的产融经营模式。之后，马里奥特围绕这项基金，不仅收购、改建
和新建扩张了公司规模，还与管理公司长期合作委托经营。经过产融结
合的洗礼，如今马里奥特已经成为全球最大的酒店连锁集团，拥有1000
多家直营酒店和1700多家特许经营酒店。

马里奥特的品牌效应不断升值，反过来又刺激了投资基金的收益。
同时还积累了足够的经验，其投资基金将业务范围拓展到集团之外，为
喜来登等其他酒店品牌处理固定资产。

更重要的是，产融结合大大提升了马里奥特的资本回报率。虽然酒
店行业的平均利润率较低，经营利润率仅为5%左右，但因为马里奥特的
固定资产仅占总资产的27.4%，固定资产周转率高达到5倍，企业的资产
回报率明显高于同行，息税前利润与投入资本之比高达16.5%，净资产收
益率超过了20%，其成功经验被很多企业研究和效仿。

☆从海尔与纽约人寿解约谈起

2002年11月28日，海尔与美国纽约人寿保险公司共同注资8亿元人民币组建了新公司——海尔纽约人寿保险有限公司，主要经营各种人身意外保险、健康保险和人寿保险业务。可是，仅仅过去九年两个合伙人就停止了合作。

2011年春节前后，美国纽约人寿正式撤资，将自己的股权平分分别转让给青岛海尔投资发展公司和日本明治安田生命保险相互会社，公司也改名为海尔人寿。保监会正式批准了此次股权转让。接着，明治安田获得了海尔发售的3.45亿元新股，持股比例增加4.24%，海尔人寿的注册资本增加到11.8亿元。海尔和明治安田生命分别以70.76%和29.24%的股份比例，成为新公司海尔人寿的第一和第二大股东。如此，海尔人寿虽然还是中外合资公司，但真正掌握控股权的却成了海尔。

美国纽约人寿为何会在2011年退出合作？海尔是这样回答的：纽约人寿是一家1845年成立的百年老店，要利用产融结合将企业推向新的发展之路，必须由一个大股东来为公司发展掌舵，这是经过缜密评估后给产融结合后的新公司确定的发展方向。

面对这样的回答，有些人发出了质疑：按照这种说法，纽约人寿完

全可以将自己的控股比例稍减低一点，根本没必要完全退出。于是新的
分析就出现了：很可能是纽约人寿看不到合作的赢利前景，海尔对新公
司的经营状况也不是十分满意。

其实，在我国出现过很多这种外退内进的典型案例。外部的国际金
融大环境固然对产业的发展有一定的影响，但究其根本原因，还在于合
资企业达不到预期效益，股东双方在股权均衡的情况下无法统一意见。

过去，外资入股中国寿险市场，主要是和非保险国有大型企业展开
合作，可以有效降低经营成本、获得话语权，能够成功踏入中国市场的
准入门槛。中国的投资方一般都拥有雄厚的资本，外方则有着丰富的业
务和管理经验，本来可以很好地合作，可是由于双方在经营理念上出现
了冲突，导致合作并不能发挥互补原则，更无法实现共同赢利的目的。

与中方不同，外方看重的通常都是长期的经营收益，这是双方最常
见的冲突点。双方的持股比例各半，双方都有话语权，也都有否决权，
使得企业决策效率异常低下。

对于股权比例失衡的企业来说，内耗也就成了加速分裂的主因，很
多外资股东、中资股东都想逐渐从这种纠结的泥潭中解脱出来。从形式
上看，有外资方将股权交给中方股东接盘的，如海尔和光大；有中资银
行强势接手的，如建设银行将太平洋安泰人寿的一半股权从荷兰国际集
团手中接过，中法合资的金盛人寿的部分股权由工商银行接手等。

表面上，中外合资保险业没有获得实质上的成果，但实际上，外
资退出中资入股让保险业的退出机制在探索中逐渐完善。"强扭的瓜不

甜"，与其跟外资方分庭抗礼、互不相让，倒不如让中方成为公司的最大股东，实现合资企业的"重生"。

虽然使用这种方法，中方企业要付出更多的运营成本，但更有利于产融结合后的新公司成功进入市场，还可以让新企业拥有全新的领导层和经营思路，这些都是宝贵的财富。

☆产融结合过程应注意的五大风险

风险一：投资组合风险

从本质上来说，产融型企业的投资组合风险，就是"多元化陷阱"的体现。如果企业主业的金融特性与金融业的金融特性相似，或所使用的产融结合工具风险太大，实施产融结合的多元化经营，更会带来投资组合风险的增加，而不是减少。

投资组合风险指的是金融投资与产业投资组合不当而带来的风险，主要体现在以下几个方面：

1. 资产整合风险

金融资本与产业资本是性质完全不同的两种资本，存在完全不同的运作规律，金融投资一般都期限短、收益波动大，需要准备较高的流动性，而产业投资则期限长，收益稳定；金融投资可以通过快速而频繁的资产转换，放大收益，而产业投资则具有较大的进出壁垒，资产转换相对较慢；金融投资对社会影响较大，管理比较严格，产业投资的管制相对较少。忽视了二者的差异，盲目地进行整合，自然就容易发生冲突。

2. 相关性风险

一般来说，将金融投资与实业投资结合起来，让企业实现多样化经营，可以更有效地分散风险。可是，要想取得这一目标必须具备一个基础前提，即组合中的资产收益不具有相关性或相关性较弱。不符合这一条件，不仅无法实现风险的分散，还会让风险进一步集聚，将损失无限扩大，比如，如果一家银行同时投资汽车销售和汽车消费信贷，汽车销售量的下降所带来的风险就会产生双倍的负效应。

3. 规模风险

研究表明，即使组合中的资产具有完全的负相关性，资产种类超过一定数目后，风险分散的效应也会变得十分微弱；相反，随着组合规模的不断增大，管理上就容易出现风险，自然就会出现很多问题，比如：降低运作效率、专业人才缺乏、企业文化出现冲突、控制力减弱等。

4. 结构风险

在既定的组合中，如果进入资本与产业资本的结构不合理也容易出现相应的风险，比如进入资产占比过少，对产业投资起不到应有的金融支持，无法发挥产融结合的真正作用；进入资产占比例过多，资产价格很可能会出现膨胀，出现经济泡沫，进而引发金融风险。

从理论上说，金融资产与实物资产合理配置的最佳点是：产融结合所带来的边际收益=规避风险所产生的边际成本。可是，在实际过程中，要想找到这一最佳点，需要高超的运作技能。

风险二：内部交易风险

所谓内部交易，是指集团内部成员之间发生的资产和负债业务来往。这些资产和负债业务可以是确定的，也可能是或有的，比如集团成员之间的交叉控股，交易往来、贷款、担保和承诺、内部的转移定价、集团为成员提供的统一服务和管理等。

集团的内部交易具有两重性：一方面，内部交易可以为集团带来协同效应，实现管理资源和现金流量的充分利用；另一方面，内部交易也蕴藏着很大的风险。内部交易规模庞大，内部关系错综复杂不仅监管当局无法了解具体的风险，集团内部也可能无法掌握其总体效果，尤其是在信息披露制度不健全的情况下，这一问题就显得更加突出了。

一般来说，在集团内部的关联交易中，很容易将风险集中到金融子公司身上。这是因为，子公司承担着集团内资金筹集和资金运作的重任，是整个集团的核心支柱。金融子公司几乎与所有的成员之间都会发生资金往来，如果缺乏防火墙等必要措施，金融子公司容易变成集团的提款机。一方面，产融型产业企业与控股金融企业之间有进行内部交易的动机；另一方面，企业治理和内部控制都存在缺陷，给内部交易提供了机会。

内部交易所带来的风险大小也与企业所选用的产融结合工具有着密切的关系。内部交易是指企业母公司与子公司、子公司相互之间的经济业务往来。企业的内部交易虽然可以优化内部资源配置，使集团内部的闲置资金得到充分利用，加强企业的协同效应。可是，内部交易也蕴藏的巨大的风险。

错综复杂的股权关系、规模庞大的关联交易大大增加了监管部门的监管难度，就连集团总部也很有可能无法全面掌握内部交易的真实情况。尤其是在信息披露不健全的情况下，产融集团的内部交易更会带来众多风险。

1. 不正当内部交易和关联关系蕴藏着巨大的风险

产融集团规模庞大，下属子公司众多，复杂的商品交易和资金运作使会计信息不易理解，很容易将一些不法交易掩盖起来，这样就加大了监管的难度。风险一旦出现，不仅仅会造成资金链的突然断裂，让企业经营陷入危机，还有可能造成国有企业巨额国有资产的流失。

2. 内部交易，容易引发非正常投资风险

产融集团内部的金融机构，大多数都是为集团内部企业提供资金和财务支持。当成员企业需要贷款时，内部金融机构对成员企业的资信调查通常都不太严格；明明知道成员企业经营不佳，也会碍于集团内部压力，而贷款给对方。内部金融机构不良贷款的增加，不仅无法为效益良好的企业提供资金支持，造成企业整体效益的下滑，还会大大降低企业应对风险的能力。

风险三：财务杠杆风险

产融结合的公司通常都存在复杂的股权结构关系，母公司与子公司之间、子公司与子公司之间往往存在相互参股的情况。这种方式使得集团控股公司得以顺利地产生和有效运作，但另一方面又容易出现资本虚增的情况。

首先，母公司拨付给子公司的资本金，会在母公司与子公司的资产负债中同时反映出来，出现重复计算；其次，如果子公司运作该项资本金在集团控股公司内部继续进行权益性投资，该项资本金就会被多次计算。资本金的重复计算会导致账面资本金的虚增。

实际资金不足必然会影响整个集团的安全，尤其是当母公司向子公司拨付的资本金是通过发行债券或者借款等方式筹措时，集团成员之间的相互参股更会提高整个集团财务杠杆的比例，降低抗风险能力。

由于实业、银行、证券、保险等行业在业务经营和风险管理上都有着不同的特点，监管局对他们的资本构成及资本充足率的要求也不太一样。成员之间相互参股，会导致对集团控股公司整体资本充足性的衡量评估发生困难，一旦整体资本充足的不确定性加大，会对集团的安危造成巨大影响。

目前监管还没有覆盖实业企业，集团内的金融子公司完全可以利用这一条件，为企业的外部融资提供担保或直接向该企业提供贷款，增加企业的资金来源；然后，再让企业以股权投资的形式注入金融子公司，扩大资本规模，最大限度地使用不同监管部门给予的财务杠杆。

风险四：利益冲突风险

利益冲突是指当一个机构为两家以上利益主体提供服务时，有可能会牺牲其中一个利益主体，使另一个主体处于更好的位置上。例如，银行与客户交易时存在两种解决方案：从银行自身利益来说，如果一个方案对银行有利，而另一个方案对客户有利，就容易出现利益冲突。当涉及两个不同组别的客户，银行必须对两个客户组别的各自利益进行权衡，也容易引起利益冲突。

由此可见，当金融结构提供更多的金融产品，当他们的客户群不断增加时，利益冲突的可能性就出现了。

风险五：道德风险

道德风险起初来源于保险市场，通常是指投保人在投保后不再有防范行动，事故发生的概率会更高，会给保险公司带来亏损。

如今，在其他行业中也出现了类似的道德风险。如果企业知道自己的经营损失可以由其他人来承担，而自己的全部责任就是从经营收益中获得好处，企业就会不顾风险地进行高风险投资。在产融结合的情形下，这种假设条件成立的可能性就更大了。这是因为以下几点：

1. "大而不倒"法则

"大而不倒"这一法则最初主要应用在金融领域，是指，当某个金融机构规模扩张到一定程度后，其对社会的影响力也会越来越大；一旦出现经营困难，为了保持社会的稳定，政府会想办法为其提供救助。

这一法则同样适用于产融结合后的企业，为避免因企业倒闭可能出现的社会动荡，再加上本来就错综复杂的政府与企业的关系，也经常会出现政府为企业买单的现象。

2. 对金融机构的隐蔽保险制度

金融机构破产的社会危害性较大，各国对处理金融机构的市场退出问题都十分谨慎。可是，我国还没有建立存款保险制度，金融机构的市场退出机制也不健全。当金融机构发生危机时，通常的处理方法是：中国人民银行发挥自己的最后贷款人职能，为其提供再贷款。

其实，这样做等于向金融机构提供了隐蔽担保，不仅会激发出金融机构自身的高风险投资欲望，还能激励产融结合下的企业向金融机构转移不良资产，将损失转嫁给政府。

☆防范产融结合风险的四种措施

在产融结合过程中，风险是必然存在的，重要的是要提前做好防范。这里，我们就给大家介绍四种好的防范方法：

1. 风险和收益要平衡

如今，很多企业都存在一个问题，就是"产能过剩，久治不愈"。要想做好风险的防范，首先就要做到风险和收益的平衡：让金融机构支持实体企业的发展，加强对科技创新的金融支持，促进战略性新兴产业的发展，推动企业结构调整。

因此，要想实现风险和收益的平衡，就要制订一些政策，让金融支持实体经济。比如要想促进利率的市场化，可以让存款和贷款利率同时下降。

2. 避免债务负担加重

在产融结合的过程中，不可避免地会涉及一些债务问题，如果协调不好，这种负担会逐渐加重，因此，产融结合中一定要协调好企业和金融的关系。

3. 经营专业化，资本多元化

俗话说得好，"面面俱到就是面面不到"，如果想促进企业的发展，就要实现经营的专业化，发挥自己的专长，实现专业化发展，同时也要实现资本的多元化。

4．明确互联网金融创新的核心

移动互联网时代，实现产融结合离不开创新，而明确互联网金融创新的核心也是有效防范风险的重要措施。

后记

融合：勿忘初心

在《华严经》中，有这样一句话："不忘初心，方得始终。"在很长一段时间里，这句话因被乔布斯推崇而风靡。这句话告诉我们：只有时刻记住自己最初的想法，才能有始有终地完成自己的梦想。

梦想是华丽的，但也是脆弱的，在激烈的市场竞争中，想凭借个人之力去守护自己的梦想，是异常困难的；面对激烈的市场竞争，想要在产融结合之路上守住初心，也是异常艰难的。

在产融结合的路上走过一段时间之后，有些企业就会忘记自己出发的原因。这时，就要停下来问问自己："我当初为什么要这样做，目的是什么？我为什么要进行产融结合？"

勿忘初心，方得始终。有些事情，只要不断坚持，就能实现。移动互联时代，各企业都在产融之路上努力着、奋斗着，只有抓住先机并坚持梦想的企业，才能很好地把产融完美结合起来。产融结合将成为企业发展的必然！

参考文献

1. 窦尔翔，许刚，等.产融结合新论[M].北京：商务印书馆出版社，2015.

2. 赵文广.企业集团产融结合理论与实践（第2版）[M].北京：经济管理出版社，2012.

3. 本书编委会.产融结合的最佳实践-媒体视角下的财务公司[M].北京：中国金融出版社，2015.

4. 白万纲，马浩东，等.超级产融结合[M].昆明：云南人民出版社，2012.

5. 张春梅.产融结合：中国企业的快速发展之道[M].北京：经济日报出版社，2013.